INTERPRETATIONSHILFE DEUTSCH

Thomas Mann

Der Tod in Venedig

Interpretiert von Thorsten Zimmer

STARK

Bildnachweis

Umschlagbild: Cinetext Bild & Textarchiv GmbH, Frankfurt

Seite 3: Thomas Mann in seinem Arbeitszimmer, 1916 © Ullstein Bilderdienst, Berlin

Seite 16: Dornauszieher. Bronze, römische Kopie. Rom, Konservatorenpalast.
Aus: Reinhard Lullies, Griechische Plastik. Von den Anfängen bis zum Beginn der Römischen Kaiserzeit. München: Hirmer 1979, S. 298

Seite 18: Badestrand vor dem Hôtel des Bains auf dem Lido, 1908.
Instituzioni di Ricorero e di Educazione, Fondo Tommaso Fillipi (Venedig).
Aus: Dorothea Ritter, Venedig in historischen Photographien 1841–1920.
Mit einer Einführung von John Julian Norwich. München: Beck 1994, S. 146

Seite 32: Gustav Mahler © Schiller-Nationalmuseum, Deutsches Literaturarchiv, Marbach

Seite 35: Hl. Sebastian, um 1515–1520. Privatsammlung, Kaysersberg.
Aus: Der hübsche Martin. Kupferstiche und Zeichnungen von Martin Schongauer, Unterlinden Museum Colmar, S. 465

Seite 52: Hermes (Merkur) als Götterbote. The Mansell Collection, London.
Aus: Die Mythologie der Griechen und Römer. Zollikon: Albatros Verlag 1977, S. 162

Seite 60: Badende Kinder am Strand des Lido, um 1908.
Instituzioni di Ricorero e di Educazione, Fondo Tommaso Fillipi (Venedig).
Aus: Dorothea Ritter, Venedig in historischen Photographien 1841–1920.
Mit einer Einführung von John Julian Norwich. München: Beck 1994, S. 148

Der Verlag hat sich bemüht, die Urheber der in diesem Werk abgedruckten Abbildungen ausfindig zu machen. Wo dies nicht gelungen ist, bitten wir diese, sich ggf. an den Verlag zu wenden.

ISBN: 3-89449-541-3

D-85318 Freising · Postfach 1852 · Tel. (0 81 61) 1790
u 05-01

Inhalt

Autor: Thorsten Zimmer

Vorwort

Liebe Schülerin, lieber Schüler,

diese Interpretationshilfe zu Thomas Manns Novelle *Der Tod in Venedig* bietet Ihnen eine Hilfestellung im Umgang mit einem Werk, das aufgrund seines Inhaltes, seiner meisterhaften sprachlichen Gestaltung sowie seiner komplexen Komposition als ein ebenso lesenswertes wie anspruchsvolles Buch begegnet.

Das erste Kapitel beschäftigt sich mit **Leben und Werk** Thomas Manns und ermöglicht dabei eine Einordnung des *Tod in Venedig* in die entsprechenden Zusammenhänge. Deutlich strukturiert und mit prägnanten Überschriften versehen, fasst die **Inhaltsangabe** die wichtigsten Details des Handlungsverlaufs noch einmal zusammen. Hinweise zur Deutung liefert vor allem das Kapitel **Textanalyse und Interpretation,** in dem es neben einer Beschäftigung mit dem spezifischen Aufbau der Novelle um die Charakterisierung der Hauptprotagonisten und die Beschreibung ihrer erzähltechnischen und sprachlichen Eigenheiten geht. Außerdem werden in diesem Kapitel die wichtigsten Motive des *Tod in Venedig* erläutert und einander zugeordnet. Die Interpretation ausgewählter Textstellen versteht sich über ihre vertiefende Funktion hinaus ausdrücklich als unmittelbare Hilfe für die schulische Interpretationsarbeit.

Kurze Hinweise auf Kritik, Rezeption und Wirkung liefert das Kapitel über die **Wirkungsgeschichte** der Novelle, bevor ein kleines **Glossar** die im Text vorkommenden Fremdwörter und vor allem die zahlreich erwähnten mythologischen Figuren kurz zu erklären versucht.

Thorsten Zimmer

Thorsten Zimmer

Einführung

Zweifelsohne gehören knabenliebende Schriftsteller, Künstler, die zur Vollkommenheit streben, und Choleraepidemien in südeuropäischen Urlaubsstädten nicht zum alltäglichen Gedankengut eines jeden modernen Menschen oder gar einer Schülerin oder eines Schülers. Die Frage nach dem Sinn einer Auseinandersetzung mit Thomas Manns Novelle *Der Tod in Venedig* in der Schul- und Freizeitlektüre erscheint daher sicherlich angebracht und nachvollziehbar. Warum liest man den *Tod in Venedig*? Was „bringt" die Beschäftigung mit diesem Werk?

Der Apologet (Verfechter, Verteidiger) einer derartigen Lektüre mag sich zunächst bequem auf den Bekanntheitsgrad Thomas Manns, seine Bedeutung in der deutschen Literaturgeschichte und den Stellenwert des *Tod in Venedig* in dessen Gesamtwerk berufen – eine auf den Text selbst gestützte Begründung wäre damit allerdings kaum geleistet, die Frage wäre nicht beantwortet und der Text austauschbar.

Einen weiteren – etwas tragfähigeren – Schritt bei der Legitimation leistet vielleicht der Hinweis auf die sprachlich-stilistische Qualität des Werks. Satz für Satz, Seite für Seite – so ließe sich argumentieren – kann die Leserin oder der Leser erfahren, warum Thomas Mann den oben angesprochenen Stellenwert in der Literaturgeschichte zugestanden bekommt. Doch auch diese Bewertung bleibt im Wesentlichen subjektiv.

Auf einer etwas allgemein gültigeren Ebene kann auf die meisterhafte Komposition der Novelle verwiesen werden. Fügen sich nämlich schon beim ersten Lesen der Geschichte wichtige Elemente und Bezüge des Textes zusammen, so eröffnet die genauere Betrachtung der einzelnen Textstellen den ganzen Komplex der vielschichtig-sublimen Verweisungszusammenhänge. Leserin und Leser erhalten einen Einblick in das Netz der Verstrickungen Gustav von Aschenbachs und ahnen seinen Untergang lange bevor es der Betroffene selbst tut – der Leser erhält eine eigene, vorausdeutende Rolle, die über ein bloßes Beobachten des Geschehens weit hinausgeht.

Nun scheint freilich vor allem der Inhalt der Novelle für ihren großen Abstand zu Alltagsleben und Erfahrungswelt des heutigen Rezipienten verantwortlich, begegnet dieser doch in erster Linie als die Beschreibung eines Künstlers, der sich – am Anfang des letzten Jahrhunderts – erschöpft auf eine Erholungsreise begibt, dort der Liebe zu einem polnischen Knaben verfällt, an einer Seuche erkrankt und schließlich moralisch wie körperlich zugrunde geht.

Erst wenn man diese Ebene der Handlungsoberfläche verlässt, vermag man den Wert des Werks auch außerhalb seiner Entstehungszeit zu erfassen. Über die bloße Erzählung von Aschenbachs Schicksal hinaus geht es im *Tod in Venedig* doch auch darum, wie mit Wünschen und Kräften des Unterbewussten in einer an Äußerlichkeiten und strengen Konventionen orientierten Welt umgegangen werden kann, welche Konflikte und Probleme aus der Konfrontation derartiger Divergenzen entstehen können, wie der Einzelne mit diesen umgehen kann und wo möglicherweise die Gefahren liegen.

Feinfühlig und konsequent bemüht sich Thomas Mann, die psychischen Vorgänge des Protagonisten offen zu legen, so dass die Leserin oder der Leser die Gedanken, die Entwicklung und den Konflikt des Betroffenen exakt beobachten, nachvollziehen und beurteilen kann. Auch wenn die Figuren und ihre Geschichte dem ein oder anderen Leser dabei als zu extrem, als zu außergewöhnlich erscheinen mögen – eine Auseinandersetzung mit der Grundproblematik lohnt sich auf jeden Fall – auch aus heutiger Perspektive.

Thomas Mann: Leben und Werk

Am 6.6.1875 kam Paul Thomas Mann in Lübeck als zweiter Sohn des Kaufmanns und niederländischen Konsuls Thomas Johann Heinrich Mann und dessen Frau Julia Mann, geb. da Silva-Bruhns, zur Welt. Der Vater leitete eine florierende Getreidehandlung, die seit hundert Jahren im Besitz der Familie war und ihr die Zugehörigkeit zur führenden Gesellschaftsschicht der aristokratisch geprägten und verwalteten Hansestadt sicherte. Lebensstil und Haushaltsführung der Familie waren von entsprechendem Charakter und vor allem der Vater – seit 1877 einflussreiches Mitglied des Lübecker Senats – verkörperte ehrgeizig und fleißig die patrizischen Tugenden des Großbürgertums. Kindheit und Erziehung Thomas Manns trugen deutliche Spuren dieser familiären Situation. Ursprünglich als Nachfolger seines

Vaters in der Führung des Familienunternehmens vorgesehen, besuchte er den realgymnasialen Zweig eines Lübecker Gymnasiums, welches er als fast Neunzehnjähriger nach der Untersekunda ohne Abitur verließ. Bereits 1891 war der Vater mit nur 51 Jahren verstorben und hatte – ohne Hoffnung, dass einer seiner Söhne die Nachfolge antreten werde – testamentarisch die Auflösung der Firma verfügt. Julia Mann, die brasilianischer Herkunft war, sah nach dem Tod ihres Mannes keinen Grund, in Lübeck zu bleiben, und siedelte mit den drei jüngsten Kindern nach München über, wohin ihnen Thomas nach Beendigung der Schulzeit folgte. Nachdem er schon in Lübeck kleine Gedichte und Artikel für eine Schülerzeitung verfasst hatte, kam es in München zu einer ausdrücklicheren Hinwendung zu Kunst und Literatur. Die Arbeit als Volontär bei einer Feuerversicherung blieb allerdings nur eine kurze Episode und auch der Besuch von Vorlesungen der Technischen Hochschule war eher sporadisch.

In den Jahren 1895 und 1896–1898 lebte Thomas Mann zusammen mit seinem Bruder Heinrich in Italien, wo er 1897 die Arbeit an den *Buddenbrooks* begann. Das gute Verhältnis der Brüder hielt allerdings nicht an. Trotz weiterer gemeinsamer Reisen, regelmäßiger Treffen und anfänglichen kollegialen Miteinanders kühlte es im ersten Jahrzehnt des neuen Jahrhunderts deutlich ab; erst zu Beginn der 20er-Jahre kam es zu einer Aussöhnung der Geschwister. 1901 erschien mit *Die Buddenbrooks* Thomas Manns erster Roman, der eine beträchtliche Auflagenzahl erreichte und erste Anzeichen einer erfolgreichen Schriftstellerkarriere mit sich brachte. 1905 heiratete Mann Katja Pringsheim, die hoch gebildete Tochter eines Mathematikprofessors, mit der er eine nach außen solide Ehe führte. Trotz aller Probleme, die sich aus dem Künstlercharakter und den homoerotischen Ambitionen des Schriftstellers ergaben, hielt Katja fürsorglich und verständnisvoll die Familie mit ihren sechs Kindern zusammen und wurde für Mann zur geschätzten Gefährtin.

Relativ berühmt und wohlhabend lebte man in München. Mit *Fiorenza* (1905), *Wälsungenblut* (1905), *Königliche Hoheit* (1909) und dem *Tod in Venedig* (1912) entstanden weitere Werke.

Begeistert nahm der als aktiver Soldat ausgemusterte Thomas Mann 1914 den Beginn des Ersten Weltkriegs zur Kenntnis. Eifrig leistete er einen wenigstens literarischen Kriegsdienst und stellte sich in einigen nationalistischen Schriften hinter die deutsche Monarchie. Zwischen 1905 und 1918 arbeitete er an den *Betrachtungen eines Unpolitischen.* Seine Enttäuschung über den verlorenen Krieg war groß und es dauerte eine Weile, bis sich Thomas Mann wohlwollend der neuen Demokratie zuwandte. In den 20er-Jahren arbeitete Mann an den Romanen *Der Zauberberg* (1924) und *Joseph und seine Brüder* (seit 1926), darüber hinaus erschienen zahlreiche Essays. Thomas Mann – inzwischen zu internationaler Anerkennung gelangt – erreichte 1929 durch die Verleihung des Literaturnobelpreises den Gipfel seines Ruhmes.

Früh wandte er sich in Vorträgen und bei anderen Gelegenheiten gegen den aufkommenden Nationalsozialismus, skeptisch mahnend verfolgte er die Machtergreifung Hitlers im Januar 1933. Durch verschiedene kritische Äußerungen löste Mann den Missmut der neuen Regierung aus und kehrte auf Anraten seiner Kinder von einem Schweizaufenthalt nicht mehr nach Deutschland zurück. Das Haus in München wurde von den Nazis beschlagnahmt und weitervermietet, gegen Thomas Mann wurde ein Haftbefehl erlassen. Zunächst unausgesprochen, seit 1936 auch offiziell, lebte der Schriftsteller von da an im Exil. Ausdrücklich ausgebürgert wurde er – inzwischen Inhaber der tschechoslowakischen Staatsbürgerschaft – im Jahr 1936, bevor er 1938 in die Vereinigten Staaten emigrierte, wo er unter anderem an der Universität in Princeton arbeitete. Neben der Weiterführung des *Joseph*-Romans und der Veröffentlichung von *Lotte in Weimar* (1939), wandte er sich in Amerika vermehrt publizistischen Arbeiten zu. Während des Zweiten Weltkriegs forderte er in regelmäßigen Radiosendungen, die die BBC in Deutschland ausstrahlte, die Deutschen dazu auf, sich aus eigener Kraft von Hitler und seinem Regime zu befreien. Sein literarisches Engagement galt seit 1943 vor allem dem Roman *Doktor Faustus* (erschienen 1947), die verbleibende Zeit wurde gefüllt von Vortragsreisen und anderen Auftritten in den USA.

Auch als der Krieg beendet war, kehrte Mann – trotz der Bitten einiger deutscher Intellektueller – nicht in sein Heimatland zurück, obwohl verschiedene Vortragsreisen ihn in den unmittelbaren Nachkriegsjahren mehrfach nach Europa führten. Das Verhältnis zum westlichen Teil Deutschlands verschlechterte sich weiterhin, als Mann im Goethejahr 1949 eine Gedenkrede in Weimar hielt, welches zur sowjetisch besetzten Zone gehörte. Auch in Amerika wurde man skeptisch und Thomas Mann musste sich gegen die Unterstellung kommunistischer Sympathien verteidigen. 1952 verließ Mann daraufhin die Vereinigten Staaten, doch eine Versöhnung mit Deutschland gelang erst allmählich, zumal der Schriftsteller die Schweiz zu seiner neuen Heimat machte. Feste, Ehrungen, Pläne und Ideen für neue Werke prägten die folgenden Jahre.

An einer Thrombose erkrankt, starb Thomas Mann am 12. August 1955 achtzigjährig in Zürich.

In zahlreichen Essays und Abhandlungen, mehr als dreißig Novellen, acht Romanen und weiteren Arbeiten verschiedenen Charakters hinterließ Thomas Mann ein Werk, das aufgrund seiner thematischen und formalen Vielfalt kaum angemessen als Ganzes beschrieben werden kann. Ohne die Unzulänglichkeit derartiger Reduktionen zu ignorieren, können vielleicht in der kontinuierlichen Verarbeitung autobiografischen Materials, in mehr oder weniger deutlichen Anspielungen auf Zeitgeschichtliches, in der Konfrontation von Künstlerleben und Bürgerlichkeit sowie in jenem typischen ironischen Sprachstil, mit dem Konflikte und Lebenseinstellungen beschrieben werden, Phänomene gesehen werden, die sein gesamtes Werk durchziehen und insofern als charakteristisch zu bezeichnen sind. Auch die detailgenaue Schilderung von Situationen sowie die psychologisch feinfühlige Darstellung auftretender Figuren können dieser Reihe von Kennzeichen zugerechnet werden.

Obwohl vor allem das letztgenannte Charakteristikum des Mann'schen Werks eine offenbare Nähe zur Erzähltechnik des Naturalismus impliziert, ist Thomas Mann kaum einer einzigen literarischen Epoche zuzurechnen. Vielmehr vereinigt er Ansätze und Tendenzen verschiedener Richtungen zu einer individuellen Schreibart.

Die Novelle *Der Tod in Venedig* (1912) wird von der Literaturwissenschaft als Höhepunkt und gleichzeitiger Endpunkt der frühen Werkperiode Thomas Manns bezeichnet. Auch hier sind die Anklänge an eine naturalistisch-exakte Erzähltechnik deutlich, sind Künstlerexistenz und bürgerliches Leistungsdenken konfrontiert und in ihrer Gegensätzlichkeit zum Gegenstand der Handlung gemacht. Es sind vor allem die Topoi (Themen, Motive) von Verfall und Untergang, die die frühen Werke Thomas Manns in die Nähe der literarischen Strömung der Décadence stellen. Im positiven Sinne verstanden, praktizierten die Künstler der Décadence eine deutliche Kritik an der Unzulänglichkeit von bürgerlichem Fortschrittsglauben und ständig sich ausdehnender Industrialisierung. Man hielt die Zukunft, so wie sie sich andeutete, für nicht mehr lebenswert und sah sich als Teil einer morbiden und überreifen Spätzeit – dem Verfall und Untergang nahe. Schon durch den Titel der Novelle *Tod in Venedig* deutet sich die Untergangsthematik an, inhaltlich ist sie im Verfall der Würde des Schriftstellers Gustav von Aschenbach, aber auch in der sich ausbreitenden Cholera verarbeitet.

Nun ist Thomas Manns Verarbeitung der dekadenten Ansätze aber nicht unkritisch und rein zustimmend. Auch Aschenbachs Leben scheitert letztendlich und vermag kaum als positiver Gegenentwurf zu bürgerlichen Einstellungen aufzutreten. Mann transportiert im *Tod in Venedig* also auch eine kritische Haltung gegenüber der Décadence, wobei er sich dabei vor allem an den Argumenten Friedrich Nietzsches zu orientieren scheint. Mit Nietzsche erscheint der dekadente Mensch bei Thomas Mann als krankhaft nervös, gesundheitlich labil und unproduktiv. Bei aller Nähe zu deren Vorstellungen bleibt Manns Verhältnis zur Décadence im *Tod in Venedig* damit ein eindeutig kritisches und distanziertes, so dass auch dieses frühe Werk nicht wirklich einer Epoche, einer literarischen Strömung zugeordnet werden kann.

Inhaltsangabe

Kapitel 1: Auslösung der Reiselust

Der Spaziergang

Erschöpft von seiner Schreibtischarbeit unternimmt der Schriftsteller Gustav von Aschenbach an einem warmen Frühlingsnachmittag einen Spaziergang in seiner Heimatstadt München. Eine schwierige Passage in dem Werk, an welchem er gerade arbeitet, erfordert seine gesamte Konzentration und hat sein Schreiben am Morgen zum Stocken gebracht. Aschenbach hofft, im Freien die nötige Kraft für eine produktivere Fortführung der Arbeit zu finden.

Die Begegnung mit dem seltsamen Wanderer

Am Nördlichen Friedhof angekommen, will Aschenbach sich angesichts eines drohenden Gewitters wieder auf den Nachhauseweg machen. Er begibt sich zur Straßenbahnhaltestelle gegenüber der Aussegnungshalle und findet den Platz und seine Umgebung menschenleer. Aschenbach wartet auf die Straßenbahn und betrachtet das gegenüberliegende Bauwerk, als er plötzlich einen auffälligen Mann auf der Treppe der Halle bemerkt. Die ungewöhnliche Erscheinung des Fremden lässt den Schriftsteller aufmerken und er wundert sich, dass dieser so unbemerkt in seinen Blickwinkel getreten ist. Das gesamte Aussehen des Mannes scheint bemerkenswert: Er ist relativ klein, mager, rothaarig und hat eine auffallend stumpfe Nase. In seinem gesamten Auftreten ist er völlig unbayrisch. Ausgestattet mit Basthut und Rucksack, scheint er weit hergekommen zu sein. Der Fremde hat etwas auffällig Herrisches und sogar Wildes, das nicht zuletzt mit seinen zu kurzen Lippen, die die Zähne nicht vollständig bedecken, zusammenhängen dürfte. Aschenbach findet den Wanderer derart merkwürdig, dass er ihn eindringlich mustert und lange anstarrt, bis er bemerkt, dass sein Blick auf eine kriegerische Art erwidert wird. Peinlich berührt wendet er die Augen von dem Fremden ab.

Reiselust und Urweltwildnis

Schnell vergisst Aschenbach den Fremden wieder. Von dem Wandererhaften in dessen Erscheinung angeregt, spürt er allerdings eine leichte Unruhe und eine Sehnsucht in die Ferne. Nach kurzem Nachdenken interpretiert er diese Gemütsbewegung als eine Form von Reiselust, die ihn in einer anfallartigen Vehemenz überkommen und sich bis ins Leidenschaftliche gesteigert hat. Aschenbach verfällt in einen Tagtraum, in welchem ihm eine Waldlandschaft in der Art eines tropischen Sumpfgebiets erscheint, die als feucht, schlammig und ungeheuer beschrieben wird. Ihre Vegetation ist wunderlich, die vorkommenden Tiere wirken geheimnisvoll und fremd. Obwohl der Schriftsteller mit klopfendem Herzen vom Entsetzen gepackt wird, weckt diese geträumte Urweltwildnis in ihm ein dunkles und rätselhaftes Verlangen. Verwundert schüttelt er den Kopf, als die Vision vorüber ist. Aschenbach räsoniert über seine bisherige Abneigung gegenüber größeren Reisen, die sich vor allem in einer Furcht vor einer zu langen Abwesenheit von seinem Werk und seiner Arbeit begründet. Aus Angst, sein Lebenswerk nicht zu Ende führen zu können und zu sterben, bevor er all seine literarischen Pläne verwirklicht hat, genügen ihm die Heimatstadt und sein Landsitz in den Bergen als Aufenthaltsorte.

Unlust und Fluchtdrang

Vernunft und Selbstbeherrschung einfordernd, versucht Aschenbach, den seltsamen Traum gründlicher zu erklären und seine

Ungewöhnlichkeit zu relativieren. Er interpretiert die Vision als einen Fluchtdrang, der ihn von seiner – derzeit beschwerlichen, fast lästigen Arbeit – wegführen will. Müdigkeit und Unlust charakterisieren die Schreibhemmung des Schriftstellers.

Zwar ist sich Aschenbach seiner Virtuosität und Meisterschaft bewusst, die eine verlässliche Qualität seiner Kunst garantieren und ihn davor bewahren, etwas Schlechtes herzustellen, dennoch fehlen seinem Schreiben jene abwechslungsreichen und belebenden Merkmale, die seine eigene Freude an der Tätigkeit des Schriftstellers erkennen lassen und die seinen Werken erst ihre spezifische Lebendigkeit verleihen. Aschenbach fürchtet sich vor einer weiteren Ausdehnung der Arbeitsblockade und glaubt zu erkennen, dass eine Erholung ihm selbst und seiner künstlerischen Arbeit gut tun würde. Von diesen Gedanken angeregt, beschließt er einen Urlaub in einem nicht allzu weit entfernten Allerweltsferienplatze im Süden und steigt in die angekommene Straßenbahn. Noch einmal sucht er den Blick des merkwürdigen Fremden, der seine Reiselust ausgelöst hat, doch in derselben Unauffälligkeit, die schon sein Auftreten kennzeichnete, ist der Wanderer bereits wieder verschwunden.

Kapitel 2: Aschenbachs Leben, Werk und Künstlertum

Werke der Reifezeit und Aschenbachs Herkunft

Eine mächtige Prosa-Epopöe vom Leben Friedrichs von Preußen, ein umfangreicher Roman mit dem Titel *Maja*, die Erzählung *Ein Elender* und die Abhandlung *Geist und Kunst* bilden Aschenbachs Werke der Reifezeit und weisen ihren als „Autor“, „Künstler“ und „Schöpfer“ bezeichneten Verfasser als einen umfassend kompetenten Literaten und Literaturtheoretiker aus. Aschenbach stammt aus Schlesien und ist der erste Schriftsteller in seiner Familie. Mit Ausnahme seiner Mutter, welche als Tochter eines böhmischen Kapellmeisters ein wenig Künstlerblut in die Familie eingebracht hat, haben seine Vorfahren allesamt als Soldaten, Richter oder Verwaltungsfunktionäre für den Staat gedient. Eben als Ergebnis der Kombination aus deren diensthaft-nüchterner Verlässlichkeit und dem Temperament der Kapellmeisterstochter erscheint Aschenbach als ein besonderer Künstler.

Der Weg zum Ruhm

Früh schlägt sein Leben einen Weg ein, der an Ruhm und Repräsentation orientiert ist. Bereits als Gymnasiast hat er sich einen Namen gemacht und sein Ruhm vergrößert sich kontinuierlich, mit 40 ist Aschenbach international bekannt. Die Qualität und der Erfolg seiner Werke beruhen wesentlich auf dem Talent, dem breiten Publikum ebenso gefällig zu sein wie den kritischen und anspruchsvollen Lesern. Vor allem Aschenbachs Fleiß ist die Basis seines fruchtbaren Arbeitens. Niemals lässt er Müßiggang oder sorglose Fahrlässigkeit seiner Herr werden und die geballte Faust wird zum Symbol seiner verbissenen und angestrengten Arbeitshaltung. Eine derartige Einstellung steht der körperlichen Verfasstheit des Schriftstellers allerdings deutlich entgegen. Schon in Kindertagen muss er aus gesundheitlichen Gründen vom öffentlichen Schulbesuch auf privaten Unterricht ausweichen und erkennen, dass in seiner Familie zwar das Talent, nicht aber die notwendigen körperlichen Voraussetzungen zu dessen uneingeschränkter Verwirklichung vorhanden sind. Trotz und gerade wegen dieser Einschränkungen hat sich der Schriftsteller vorgenommen, alt zu werden, und das Wort *Durchhalten* zu seinem Lieblingswort gemacht. Auch seine schriftstellerische Tätigkeit basiert auf dieser intensiven Form der Ausdauer.

Der Heroismus der Schwäche

Aschenbachs Ruhm gründet zudem auf einer Art geheimer Verwandtschaft zwischen ihm und dem Publikum. In einem spezifischen Sinn eine Sympathie für den Schriftsteller und sein Werk empfindend, erkennen sich die Leser in seinen Büchern wieder. Aschenbach ist der Schriftsteller all derer, die am Rande der Erschöpfung arbeiten, und all jener, denen es zwar an entsprechendem Auftreten und den nötigen Mitteln fehlt, die sich aber dennoch durch Fleiß, kompetente Planung und kluge Verwaltung wenigstens zeitweise eine gewisse Größe verleihen können.

In Übereinstimmung mit seiner Lebensphilosophie steht nämlich auch in den Büchern des erfolgreichen Schriftstellers alles Große, alles Erreichte als ein *Trotzdem* da. Symbolische Bedeutung für Aschenbachs Helden bekommt das Bild des Heiligen Sebastian, der wie die Figuren der Romane in der Konzeption einer intellektuellen und jünglingshaften Männlichkeit begegnet, die stolz die Zähne aufeinander beißt und ruhig bleibt, während ihr die Schwerter und Speere durch den Leib gestoßen werden. Im Schicksal Haltung bewahrend und in Selbstbeherrschung jede Qual erduldend, legen diese Helden den für Aschenbach bezeichnenden „Heroismus der Schwäche" an den Tag, der das alltägliche Heldentum des Zeitalters treffend zu charakterisieren scheint.

Zynismus der Jugend – Würde des Alters

Nicht immer war Aschenbach der würdevolle Repräsentant, denn Missgriffe und Bloßstellungen kennzeichnen seine Jugendzeit. Längst ist er allerdings über diese Phase hinweg und alles in seiner Jugend gewissenhaft Durchdachte und gründlich Überlegte erscheint ihm inzwischen als seicht und unbedeutend. Aschenbach ist nicht mehr auf der Suche nach der Erkenntnis, selbstbewusst stellt er seinen eigenen Willen, die Tat, das Gefühl und die Leidenschaft an deren Stelle. Von jedem moralischen Zweifel abgewandt, hat er die Unbefangenheit zur Grundlage seiner neuen Würde erhoben und selbst seine Werke – zu Meisterlichkeit und Klassizität gereift – scheinen in ihrer Reinheit und

Einfachheit diese Verwandlung widerzuspiegeln. Vorbildlich im Inhalt und in ihrer sprachlichen Ausgestaltung, werden sie sogar in die Lesebücher der Schule aufgenommen.

Noch einmal Biografisches und Aschenbachs Aussehen

Aschenbach hat die Stadt München als dauerhaften Wohnsitz ausgewählt, früh hat er seine Frau verloren, seine einzigeTochter ist bereits verheiratet. Das Aussehen des Schriftstellers scheint darauf hinzudeuten, dass er ein bedeutendes Leben geführt und interessante Schicksale durchlebt hat – diese finden sich allerdings weniger in seinem Lebenslauf als in seinen Werken.

Kapitel 3: Venedig und das vollkommen Schöne

Über Umweg nach Venedig

Zwei Wochen nach dem Vorfall am Hauptfriedhof tritt Aschenbach die beschlossene Reise an und begibt sich zunächst zu einer Adria-Insel in der Nähe der istrischen Küste. Landschaftliche Gegebenheiten, das Publikum des Hotels und ungünstig-regnerisches Wetter lassen den Ruhe-Suchenden aber bald erkennen, dass der gewählte Urlaubsort keinesfalls die notwendigen Voraussetzungen für die angestrebte Erholung zu bieten vermag. Unzufrieden sucht er nach einem Ausweg und entscheidet sich für die Weiterreise nach Venedig – zuversichtlich, dort die gesuchte Ablenkung zu finden.

Mit einem alten, düsteren Schiff bricht Aschenbach zu seinem neuen Ziel auf und begegnet in einem buckligen und unreinlichen Matrosen, einem grimassenhaften, ziegenbärtigen Fahrscheinverkäufer und einem durch auffällig-bunte Kleidung, Schminke und Perücke seltsam verjüngten Greis einer Reihe sonderbarer Menschen. Namentlich der Alte hinterlässt bei Aschenbach ein nachdenkliches Gefühl von Benommenheit und

Befremdung, welches sich noch steigert, als er – inzwischen unsympathisch betrunken – dem von den Bauwerken Venedigs faszinierten Dichter bei der Ankunft Komplimente an ein vermeintliches Liebchen mit auf den Weg gibt.

Mit schwarzer Gondel zum Lido

Mit einer Gondel will sich Aschenbach zur Dampferstation nach San Marco befördern lassen, um dort in den Vaporetto zum Lido umzusteigen. Die gewählte Gondel erinnert ihn aufgrund ihrer schwarzen Farbe an Tod und Begräbnis, die bequeme Auspolsterung scheint Aschenbach sargähnlich. Außerdem bemerkt er nach einer Weile, dass der Gondolier nicht die gewünschte Fahrtrichtung eingeschlagen, sondern den Weg ins offene Meer gesucht hat. Auf diesen Fehler angesprochen, entgegnet der ungefällig und brutal erscheinende Ruderer, dass der Vaporetto kein Gepäck befördere, und Aschenbach auf eine direkte Beförderung zum Lido angewiesen sei. Der Fahrgast wähnt sich machtlos gegenüber den Argumenten und dem Charakter seines Gondolier und fügt sich den Gegebenheiten. An Land angekommen, wechselt Aschenbach Geld, um die Überfahrt – trotz gegenteiliger Ankündigung – zu bezahlen, als er aber zur Anlegestelle zurückkehrt, sind Gondel und Fahrer verschwunden. Der Verwunderte erfährt, dass der merkwürdige Gondolier keine Konzession besitzt und vor den anwesenden Munizipalbeamten geflohen ist.

Im Hotel – Vollkommene Schönheit

Hotel und Personal sind angenehm. Aschenbach richtet sich in seinem Zimmer ein und denkt über die Eindrücke seiner Reise nach. Auch die Gesellschaft im Hotel unterscheidet sich in erfreulicher Weise von der seines ersten Aufenthaltsortes und scheint – wie sich aus den Sprachen schließen lässt – aus den verschiedensten Ländern zu kommen. In einer Gruppe polnisch sprechender Gäste bemerkt Aschenbach einen langhaarigen, vielleicht vierzehnjährigen Knaben, der ihm sogleich als vollkommen schön im Sinne der griechisch-antiken Bildhauerkunst erscheint. Im Unterschied zu seinen drei Schwestern, die durch Kleidung, Aussehen und Benehmen nonnenhaft leer und nichtssagend wirken, scheinen Weichheit und Zärtlichkeit das Aussehen des Jünglings zu bestimmen. Seine weiße Hautfarbe führt Aschenbach jedoch zu dem Schluss, dass er entweder krank oder zu zart und verwöhnt sei. Der Schriftsteller beobachtet die Kinder und ihre Gouvernante, bis die Mutter eintrifft und alle zum Abendessen aufbrechen. Noch im Fortgehen blickt ihm der Knabe in die Augen, Aschenbach ist berührt und ergriffen.

Dornauszieher. Bronze, römische Kopie. Rom, Konservatorenpalast

Abreisen oder Bleiben?

Beunruhigt vom ungünstigen Klima und seinen schlechten Erfahrungen mit solcher Witterung in Venedig, spielt Aschenbach am nächsten Morgen mit dem Gedanken abzureisen. Zum zweiten Mal begegnet er dem Knaben – diesmal beim Frühstück – und wieder ist er fasziniert, ja erschreckt über dessen gottähnliche Schönheit. Noch einmal zieht er Vergleiche zur bildenden Kunst.

Nach dem Frühstück mietet sich Aschenbach einen Liegestuhl am Strand und beobachtet das vielfältige und abwechslungsreiche Treiben der Badegäste. Er erfreut sich am Anblick von Strand und Meer und beschließt, trotz seiner Bedenken, nicht abzureisen. Als der polnische Knabe erscheint und sich abfällig gegenüber einer am Strand sich ausbreitenden russischen Familie äußert, scheint er dem Schriftsteller eben aufgrund dieser Verbindung von menschlichem Benehmen und seiner göttlichen Schönheit noch interessanter. Der Knabe beginnt, mit seinen Freunden zu spielen, so dass Aschenbach die Kinder belauschen kann, um den Namen des Schönen zu erfahren. Wohlklingende u-Laute und wenige Silben, die er versteht, kombiniert der Interessierte zu dem polnischen Namen Tadzio, bevor er den im Wasser spielenden Knaben mit der mythologischen Inkarnation eines Gottes vergleicht, der dem Meer entsteigt.

Aschenbach begibt sich in sein Hotelzimmer und denkt über seinen Ruhm und seine Karriere nach. Auf dem Weg zum Lunch begegnet er Tadzio erneut – im Aufzug. Wieder fällt ihm das kränkliche Aussehen des Jungen auf und mit verwunderter Genugtuung stellt er fest, dass der Junge wohl nicht alt werden wird.

Die „missglückte" Abreise

Bei einem nachmittäglichen Spaziergang nach Venedig erfährt der Schriftsteller einen völligen Stimmungsumschwung. Das schwüle Klima und die Enge der Stadt verleiden ihm das Atmen, so dass er beschließt, diesem quälenden Zustand auszuweichen und erneut seinen Urlaubsort zu wechseln. Schnell bereitet der Fliehende alles für seine Abreise vor. Obwohl er seine Entscheidung schon am nächsten Morgen bereut, bleibt er konsequent. Um in Ruhe zu Ende frühstücken zu können, schickt er sein Gepäck auf den Weg zum Bahnhof, er selbst will wenig später mit dem öffentlichen Dampfboot nachfolgen. Noch einmal begegnet der Abreisende dem polnischen Knaben, bevor er sich auf einer reuevollen Dampferfahrt für immer von Venedig verabschiedet.

Ratlos und zerrissen erreicht er den Bahnhof, wo sich herausstellt, dass sein Gepäck aus Versehen nach Como geschickt worden ist. Der eben noch Trauernde wird von Freude überfallen. Mit der Begründung, die Rückkehr seines Gepäcks zu erwarten, kehrt er in das Hotel zurück. Er erhält ein ähnliches Zimmer wie das vorige. Erst, als er aus dem Fenster schauend den schönen Knaben am Strand erblickt, erkennt er, dass dieser der Grund für seine Bedenken und Schmerzen bei der Abreise gewesen ist.

Badestrand vor dem Hôtel des Bains auf dem Lido (Tommaso Filippi, 1908)

Kapitel 4: Tadzio

Die Schönheit als sinnlich wahrnehmbare Vollkommenheit

Obwohl er sein Gepäck inzwischen zurückerhalten hat, will Aschenbach nicht mehr abreisen. Er genießt den Badeurlaub in der Nähe der wunderlich wundersamen Stadt Venedig, ohne dass er die Dauer seines Urlaubs festlegen will. Eigentlich ist der arbeitsame Schriftsteller kein Freund von langer Untätigkeit, die dem gewohnten Dienst seines Alltags entgegensteht, im regelmäßigen Rhythmus der Urlaubstage findet er dennoch die gesuchte Zufriedenheit und Ausgeglichenheit.

Tadzio weiß er ständig in seiner Nähe. Angeregt von dem jugendlich vollkommenen, an bildhauerische Perfektion erinnernden Leib des Jungen, vergleicht Aschenbach sein Schreiben mit der Arbeit des bildenden Künstlers. Was dem Bildhauer der Marmor ist, den es kunstfertig zu bearbeiten gilt, ist für den Schriftsteller die Masse der Sprache. Sie bildet das Grundmaterial, aus welchem er das poetische Kunstwerk formen muss. Der polnische Knabe wird für Aschenbach zur Verkörperung des Schönen schlechthin, so dass er ihn als menschliches Abbild und Gleichnis der reinen geistigen Vollkommenheit preist. Diese Begeisterung theoretisierend, erhebt der Schriftsteller seine Gedanken auf die Ebene antiker Mythologie und Ästhetik. Namentlich aus einem Dialog zwischen Sokrates und Phaidros über die Zusammenhänge von Schönheit und Vollkommenheit zieht er Parallelen zu seinen eigenen Überlegungen, da es auch dort um die Verbindung zwischen sinnlicher Wahrnehmung und theoretischer Vollkommenheit geht, welche allein in der Schönheit möglich scheint. Die Schönheit ist demnach der einzige Bereich des Theoretisch-Geistigen, den der Mensch mit seinen Sinnen wahrnehmen kann. Aschenbach fühlt sich durch diese Gedanken zum Schreiben angeregt und verfasst im Angesicht Tadzios eine kurze Prosa-Abhandlung.

Das Eingeständnis: Ich liebe dich!

Am nächsten Morgen bietet sich für Aschenbach die Möglichkeit, auf dem Weg zum Strand eine Ernüchterung seines Zustandes herbei zu führen. Obwohl die Gelegenheit mehr als günstig ist, spricht er den Jungen aber nicht an und verspielt damit die Chance, das Verhältnis der stummen Beobachtung in eine lockere Bekanntschaft umzuwandeln. Aschenbach muss sich eingestehen, dass er eine solche Ernüchterung überhaupt nicht anstrebt, er scheint verwirrt und ist sich über die Beweggründe seines Handelns nicht mehr im Klaren.

An einigen Verhaltensweisen des Jungen stellt der Schriftsteller fest, dass seine Beobachtungen inzwischen Tadzios Aufmerksamkeit erregt haben – es kommt allerdings zunächst zu keiner ausdrücklichen Kontaktaufnahme. Erst als Aschenbach dem Jungen und seiner Familie eines Abends völlig unverhofft beim Spaziergang vor dem Hotel begegnet, lächelt Tadzio ihn liebreizend an. Tief bewegt und erschüttert flieht der so Begrüßte ins Dunkel des Hotelgartens. Überwältigt von der Begegnung, gesteht er sich die Liebe zu dem Knaben endgültig und ausdrücklich ein.

Kapitel 5: Verfall und Tod

Eine gefährliche Ahnung

In der vierten Woche seines Aufenthaltes bemerkt Aschenbach einige Auffälligkeiten der Außenwelt, welche ihn eine bevorstehende Gefahr ahnen lassen. Viele deutschsprachige Hotelgäste reisen ab und der gesprächige Friseur macht eine unpräzise, aber dennoch bedenkliche Andeutung über ein in der Stadt kursierendes Übel. Bei einem Spaziergang durch Venedig – Aschenbach verfolgt die polnische Familie – bemerkt der Schriftsteller darüber hinaus einen eigentümlichen Geruch, der von einem keimbekämpfenden Mittel auszugehen scheint. Anschläge an den

Häusern der Stadt warnen vor gastrischen Erkrankungen und lassen den Aufgeschreckten immer skeptischer werden. Aschenbach spürt die Gefahr, doch seine Versuche, von der einheimischen Bevölkerung Genaueres zu erfahren, bleiben erfolglos.

Allein die deutschen Zeitungen im Hotel sprechen von Gerüchten über ein Übel in Venedig und nennen erste spekulative Zahlen über Erkrankungen. Zunächst empört über die offensichtliche Verschleierung, genießt Aschenbach schließlich eine gewisse Zufriedenheit und Genugtuung über ein eventuell bevorstehendes Abenteuer. Er sieht sich durch sein eigenes Geheimnis – seine Liebe zu Tadzio – mit den Heimlichkeiten der Stadt verbunden. Nichts scheint ihm nun schrecklicher und gefährlicher als die Abreise Tadzios.

Verfall und Reflexion

Der Verliebte verlässt sich inzwischen nicht mehr auf zufällige Begegnungen mit dem schönen Knaben, sondern stellt ihm intensiv nach, sei es, dass er ihn im Gottesdienst in San Marco beobachtet, sei es, dass er ihn bei Spaziergängen durch Venedig verfolgt. Seine Leidenschaft wird immer intensiver, so dass ihn eines Abends nicht einmal die Gefahr, entdeckt zu werden, davor abschreckt, sich an die Zimmertür des Begehrten zu lehnen. Nur ab und an erlebt er einige Augenblicke einer ansatzweisen Besinnung, in welcher er bestürzt seine Verfassung erkennt. Aschenbach beleuchtet sein Benehmen aus der Sicht seiner diensteifrigen und leidenschaftslosen Vorfahren, denen er sich trotz aller Differenzen verbunden sieht. Selbst der Eros scheint ihm nämlich mit den Ansprüchen von geforderter Männlichkeit und Tapferkeit zu vereinbaren, da er doch bei tapferen Völkern in hohem Ansehen gestanden hat und historisch keineswegs verpönt war. Aschenbach stellt sich in die Tradition derartiger Kriegshelden der Vorzeit und versucht dadurch, sein Verhalten zu rechtfertigen und die Würde zu bewahren.

Seine Bemühungen um die Wahrheit über die spürbare Gefahr bleiben erfolglos. Obwohl er die Ausmaße zu ahnen beginnt, begnügt sich Aschenbach mit den Ausflüchten der Befragten.

Die Straßensänger

Abends wohnt der Schriftsteller zusammen mit den anderen Gästen und einigen Bediensteten im Vorgarten des Hotels der Aufführung einer Gruppe von Straßensängern aus der Stadt bei, wobei vor allem einer der Sänger durch verschiedene Possen und humoristische Einlagen den Gefallen der Zuschauer erregt. Neben Aschenbach, der sich bemüht, seine innere Anspannung zu verbergen, lehnt Tadzio auf der Brüstung, von wo aus er ebenfalls den Bänkelsängern lauscht. Bisweilen wendet er sein Gesicht dem vermeintlichen Liebhaber zu, schamhaft und verwirrt vermeidet dieser aber den direkten Blickkontakt.

Nach der Vorführung eines zweideutigen Gassenhauers macht der auffällige Sänger die Runde, um von den Zuschauern ein paar Geldstücke für die Aufführung zu erbitten. Als er Aschenbachs Tisch erreicht, fragt dieser – vom Karbolgeruch des Venezianers ermahnt – nach dem Grund der Desinfizierungsmaßnahmen, doch der Neugierige muss sich wieder einmal mit den üblichen Floskeln und Ausflüchten begnügen, ohne dass er eine befriedigende Antwort erhält.

Die Gruppe singt ein Abschiedslied in einem unverständlichen Dialekt, bei welchem die Sänger durch regelmäßig eingeflochtene Lachsalven das Publikum ebenfalls zum Lachen animieren wollen. Aschenbach zeigt sich davon unberührt und sucht noch einmal die Blicke des Knaben. Er stellt auch bei diesem eine von der Umgebung unbeeinflusste Ernsthaftigkeit fest und folgert überwältigt, dass Tadzio sich hierbei an seinem Liebhaber orientiert. Noch, als die Musiker und die übrigen Gäste den Garten längst verlassen haben, sitzt Aschenbach an seinem Tisch und denkt über sich und die vergehende Zeit nach.

Die indische Cholera

In einem englischen Reisebüro erfährt Aschenbach am folgenden Tag Näheres über die Lage in Venedig. Ein britischer Clerk, bei dem er Geld wechseln will, berichtet von der gefährlichen Verbreitung der indischen Cholera, die – in den warmen Morästen des Ganges-Deltas entstanden – über Umwege durch Asien und Osteuropa durch syrische Kaufleute ans Mittelmeer gelangt und Mitte Mai auch in Venedig eingeschleppt worden ist. Vom Klima begünstigt und durch verseuchte Nahrungsmittel verbreitet, hat sie bereits zahlreiche Opfer gefunden. Der Grund für die Verschleierung der Probleme durch die venezianische Obrigkeit liegt vor allem in der Angst vor internationalen Paniken und dem Ausbleiben der Touristen. Selbst die öffentliche Moral der Menschen und die Sittlichkeit des sozialen Lebens scheinen inzwischen angeschlagen. Eindringlich rät der Engländer Aschenbach abzureisen. Der alarmierte Schriftsteller überlegt, ob er der polnischen Mutter die Gefahr aufdecken und ihr die Abreise empfehlen soll, er fühlt aber, dass er die Trennung von Tadzio auf keinen Fall herbeiführen will. Auch will er selbst nicht zurückkehren in die geregelte und besonnene Welt seines mühevollen Schriftstellerlebens.

Dem Dämon verfallen: Der Traum vom fremden Gott

Aschenbach träumt einen furchtbaren Traum von einem unüberschaubar-wahnsinnigen Opferfest, welches zu Ehren eines fremden Gottes gefeiert wird. Mit Fellen bekleidete Weiber, Männer und Knaben strömen in einer Berglandschaft zusammen und begleiten ihr seltsames Auftreten mit Pauken- und Beckenschlägen, durchzogen von in unverständliche Silben gehüllten u-Lauten. Lautstark huldigen sie ihrem Gott, bevor sie einen hölzernen Phallus als dessen obszönes Symbol enthüllen. Der Träumende erlebt sich als Teil dieses unzüchtigen orgiastischen Tumults, er spürt, dass er einbezogen ist in die Hemmungslosigkeiten, denen sich die Feiernden hingeben. Aus dem Traum erwacht, scheint er zerrüttet und kraftlos einem Dämon verfallen.

Aschenbach ändert sein Verhalten grundsätzlich, indem er jegliche kritische Scham gegenüber seinem eigenen Benehmen verliert. Die Blicke der Leute stören ihn nicht länger – ohnehin sind die meisten inzwischen abgereist. Obwohl sich die Gefahrenmeldungen weiter verbreitet zu haben scheinen, verweilen allein Tadzio und seine Familie noch im Hotel, so dass Aschenbach seine Verfolgungen und Beobachtungen fortsetzen kann. Unzufrieden mit seinem Alter und Aussehen, versucht er, dem Knaben zu gefallen. Er schmückt seine Kleidung und benutzt Parfums, bis er sich schließlich in die Hände eines Coiffeurs begibt, der ihm durch Färben der Haare und Schminke das Aussehen eines Jünglings wiedergibt. Glücklich, verwirrt und furchtsam zeigt sich Aschenbach mit der Verjüngung zufrieden.

Weitere Gedanken über Schönheit und Vollkommenheit

Auf einem der Spaziergänge, die Aschenbach auf den Spuren Tadzios unternimmt, verirrt er sich in den Straßen und Winkeln der kranken Stadt. Gepeinigt vom Durst, kauft sich der Verwirrte einige überreife Erdbeeren in einem kleinen Gemüseladen an der Straße. Er gelangt auf einen Platz mit einer Zisterne und ruht sich erschöpft auf deren Stufen aus. Abermals denkt er an sein zur Würde gereiftes Künstlertum und wieder projiziert er seine Gedanken auf einen Dialog zwischen Sokrates und Phaidros über die Schönheit, indem er Sokrates über die Gefahr des Dichters, in die Irre zu gehen, reden lässt. Dichter müssen sich danach auf Schönheit und Sinnlichkeit einlassen, wenn sie zum Geiste, zur Erkenntnis gelangen wollen. Obwohl sie dabei auf ihre Art durchaus Helden sind, wird sich ihr Weg zur Schönheit immer vom Eros beeinflussen lassen und seiner Führung unterwerfen müssen. Dem Dichter ist in diesem Streben nach der Schönheit das Scheitern unvermeidbar angeboren, so dass jegliche gesellschaftliche Ehre und jegliches Heranziehen seiner Werke zur Erziehung des Volkes und der Jugend im Grunde genommen unangemessen und gefährlich sind. Der Dichter sucht nämlich gerade nicht die Erkenntnis, sondern die Schönheit – und diese wird ihm zur Begierde, die notwendig zum Abgrund führt.

Der Tod

Von Schwindelanfällen heimgesucht, bemüht sich Aschenbach, den regelmäßigen Rhythmus seiner Urlaubstage aufrecht zu erhalten, bis er schließlich erfährt, dass die polnische Familie im Begriffe ist abzureisen. Noch einmal beobachtet er Tadzio, wie dieser an dem herbstlich unwirtlichen Strand in ein scheinbar regelloses Spiel verwickelt ist, welches allerdings bald in einen Streit ausartet. Jaschu, der Spielkamerad, scheint Tadzio in einem Ringkampf bezwingen zu wollen und schafft es auch. Tadzio unterliegt und flüchtet – offenbar von der Grobheit seines Kameraden beleidigt – ins Meer. In einer gewissen Entfernung vom Land durchschreitet er das Wasser, ständig beobachtet von Aschenbach, der schließlich zu erkennen glaubt, dass der Junge ihn anlächelt und mit seiner Hand auf das offene, ungeheure Meer deutet. Aschenbach will sich aufmachen, dem Hinweis des Jungen zu folgen, und sinkt neben seinem Stuhl zusammen. Er verstirbt noch am selben Tag.

Textanalyse und Interpretation

1 Der Aufbau der Novelle

In der Literaturwissenschaft wird der Handlungsverlauf des *Tod in Venedig* oft mit dem Aufbau eines klassischen, fünfaktigen Dramas verglichen, wobei auch die einzelnen Kapitel entsprechend der charakteristischen Funktionen der fünf Akte gedeutet werden. Die derartige Übertragung von theater- und dramenspezifischen Regelmäßigkeiten auf einen epischen Text ist allerdings nicht unproblematisch, werden doch hierbei Textsorten nebeneinander gestellt, die sich sowohl in ihren gesellschaftlichen Ansprüchen, ihren Ausdrucksmöglichkeiten und -formen wie auch in den Rezeptionssituationen (d. h. in ihrer Aufnahme entweder durch einen Leser oder durch einen Zuschauer) fundamental unterscheiden. Auch wenn eine entsprechende Deutung des Aufbaus vom *Tod in Venedig* nachvollziehbar ist und Thomas Mann seine Novelle selbst als „eine richtige Tragödie“[1] bezeichnet hat, sollten diese Probleme berücksichtigt werden. Eine entsprechende Einteilung der fünf Kapitel könnte folgendermaßen aussehen:

Kapitel 1 und 2: Exposition

In den ersten beiden Kapiteln werden alle Grundlagen und Voraussetzungen für das weitere Geschehen vorgestellt. Der Leser nimmt Teil an der Auslösung der Reiselust Aschenbachs und bekommt einen Einblick in Leben und Charakter des Protagonisten.

Kapitel 3: Handlungsentwicklung zum Höhepunkt

Bis ins dritte Kapitel erfährt die Handlung einen sog. *steigenden* Verlauf. Das in der Exposition Grundgelegte wird weiter ausgebaut, die Handlung entwickelt sich merklich auf eine bestimmte Situation zu, bis sie einen Höhepunkt erreicht: Aschenbach gelangt nach Venedig, trifft auf Tadzio und wird von dessen Schönheit gefesselt. Wo der exakte Höhepunkt der Novelle liegt, kann freilich diskutiert werden. Neben dem ersten Aufeinandertreffen sind nämlich das Erkennen der Liebe zu Tadzio oder das Verfassen der kurzen Prosaschrift am Strand, die das Ende der anfänglichen Schreibblockade bedeutet, ebenfalls Situationen, auf die die Handlung der ersten Kapitel hinauszulaufen scheint.

Kapitel 4: Retardierendes Moment und Peripetie

Aschenbach genießt seinen Badeurlaub nun scheinbar unbeschwert, nichts deutet mehr auf einen unglücklichen Ausgang der Novellenhandlung hin. Die Dramentheorie bezeichnet ein derartiges Phänomen der Handlungsverzögerung als retardierendes Moment. Die Ruhe dieser Szene ist natürlich trügerisch. Spätestens nach der überraschenden Begegnung mit Tadzio im Garten des Hotels wird klar, dass Aschenbach der weiteren Konfrontation mit dem Jungen nicht gewachsen und insofern nicht mehr der Herr seiner Handlungen ist. Die eben noch ruhige und überschaubare Situation schlägt um, sie erfährt eine Peripetie.

Kapitel 5: Katastrophe und Schluss

Im fünften Akt eines klassisch aufgebauten Dramas laufen alle im Verlauf des Stückes grundgelegten Entwicklungen und Konflikte auf eine endgültige Lösung zu, die aus einer positiven Klärung der aufgetretenen Probleme oder aber der tragischen Katastrophe bestehen kann. Aschenbach endet tragisch. Was sich schon in der Begegnung mit dem seltsamen Wanderer im ersten Kapitel andeutet und im Verlauf der Novelle immer offensichtlicher wird, erfüllt sich hier: Der Schriftsteller kann das ihm Widerfahrende nicht abwenden, radikal und grundlegend ändert sich sein Leben – schließlich kommt er sogar zu Tode.

Der tragödienähnliche Aufbau der Novelle im Überblick

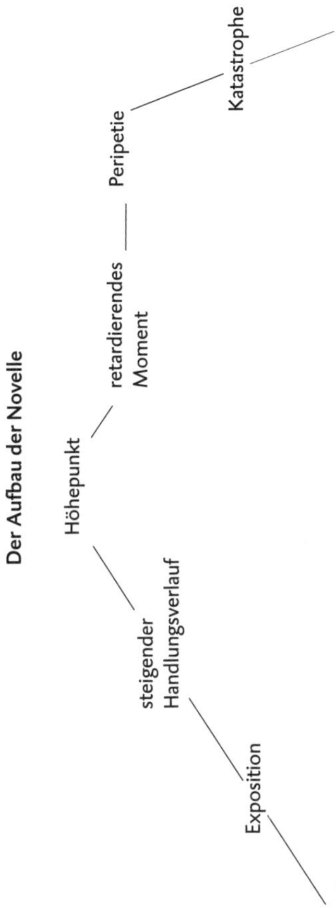

1. Kapitel	2. Kapitel	3. Kapitel	4. Kapitel	5. Kapitel
Auslösung der Reiselust	Biografie und Charakter Aschenbachs	Reise nach Venedig Begegnung mit Tadzio	Aschenbach genießt den Badeurlaub Aschenbach gesteht sich die Liebe zu Tadzio ein	Aschenbach stirbt

2 Personencharakteristik

Eine Konfiguration, welche die Beziehungen einzelner Personen zueinander und ihre Bedeutung füreinander aufzeigt, kann für die Novelle *Der Tod in Venedig* im Grunde genommen nicht beschrieben werden, ist es doch vor allem eine Person, an der sich die gesamte Handlung entfaltet und deren Entwicklung und Schicksal dargestellt wird: Gustav von Aschenbach. Freilich begegnet der Schriftsteller zahlreichen weiteren Personen, ein genaues Hinsehen entlarvt diese aber eher als Funktionsträger in der Inszenierung des Aschenbach'schen Verfalls denn als wirklich anschauliche Charaktere. Selbst Tadzio bezieht seine Rolle allein aus seinem Anteil und seiner Funktion beim Untergang Aschenbachs, bleiben doch selbst die aktiven Hinwendungen des Knaben weitestgehend subjektive Interpretationen Aschenbachs oder eben Reaktionen auf dessen eigenes Benehmen.

Eben aus diesen Gründen beschäftigt sich dieses Kapitel vor allem mit Gustav von Aschenbach und dessen Funktion in der Novelle. Die vielfältigen Verweisungsbezüge der Figur Aschenbach sollen dabei ebenso berücksichtigt werden wie die durch ihn verkörperte zentrale Thematik des Künstlertums.

Gustav von Aschenbach – Leben und Kunst

Die Handlung der Novelle basiert also im Wesentlichen auf der Person des Schriftstellers Gustav von Aschenbach und dessen Schicksal. Er ist es, dessen Venedigreise der Leser begleitet, er ist es, dessen Verhalten und dessen Gedanken der Erzähler beschreibt, und er ist es schließlich, auf dessen tragisches Schicksal schon im Titel der Novelle angespielt wird. Aschenbach begegnet dem Leser dabei vor allem als **Künstler**. Schon der erste Abschnitt der Novelle spricht von seinen Arbeiten und stellt den geadelten Spaziergänger ausdrücklich als „Schriftsteller" (S. 9) vor. Auch im zweiten Kapitel, welches sich ausführlicher mit

Aschenbachs Lebenslauf beschäftigt, stehen seine literarischen Aktivitäten und Eigenheiten deutlich im Vordergrund und lassen wenig Platz für Privat-Familiäres. Aschenbach wird hier als ein umfassend kompetenter Literat präsentiert, der als „Autor", „Künstler", „Schöpfer" und „Verfasser" (alle Zitate S. 18 f.) das ganze Spektrum prosaischen Literaturschaffens erfolgreich abdeckt und der selbst in seinen theoretischen Abhandlungen einen ehrenvollen Platz an der Seite Schillers findet.

Vergleichsweise knapp stehen dieser Hommage an den Künstler die **biografischen Daten** gegenüber, die – gleichsam nachgereicht – einen Überblick über seine familiären Wurzeln bieten. Aschenbachs Vater arbeitete als Justizbeamter in der schlesischen Provinz und führte damit eine berufliche Tradition fort, die für die männlichen Mitglieder der Familie Aschenbach charakteristisch scheint: Sie alle standen in einem irgendwie gearteten Dienstverhältnis gegenüber der Obrigkeit – sei es als Soldaten, als Richter oder als Verwaltungsfunktionäre (S. 19) – und führten „im Dienste des Königs, des Staates ihr straffes, anständiges karges Leben" (S. 19). Allein seine Mutter, die einer böhmischen Musikerfamilie entstammt, bildet einen exotischen Kontrast zu dieser Ahnentafel und bringt durch ihr „rascheres, sinnlicheres Blut" (S. 9) etwas Fremdes, Dunkles und Feuriges in die Familie ein. Das Besondere an der Kombination dieser Eigenschaften liegt nun gerade darin, dass sich Aschenbach schon seitens seiner Eltern – also gleichsam biologisch vererbt – durch eine Verbindung von eigentlich Gegensätzlichem auszeichnet. Er erscheint eben deshalb als der besondere Künstler (S. 22), weil es ihm zunächst gelingt, die künstlerischen, fremdartigen Charaktereigenschaften, die er von seiner Mutter geerbt hat, mit der staatsbürgerlichen Diensteifrigkeit und Zuverlässigkeit seiner Vorfahren väterlicherseits zu vereinbaren.

Über die textimmanente Bedeutung der Kombination dieser Gegensätzlichkeiten hinaus lässt sich in den Familienverhältnissen Aschenbachs eine Anspielung auf Thomas Manns eigene Situation erkennen: Auch für seinen Vater galten Fleiß, Disziplin und das Erfüllen bürgerlicher Tugendvorstellungen als Maßstab des Erfolgs, auch in seiner Familie hatte die Mutter durch die brasilianische Herkunft und ihre musische Begabung etwas eigentlich Unbürgerliches, fast Exotisches beigesteuert und schließlich finden sich auch bei Thomas Mann Tendenzen, seine künstlerische Arbeit an Kriterien wie Fleiß und Disziplin zu messen.

Spärlich sind die weiteren Informationen über **Aschenbachs Privatleben**. Früh hat er sich – wie Thomas Mann auch – München zur Heimatstadt erwählt (S. 29), wo er die kurze „Glücksfrist" (S. 29) einer bürgerlichen Ehe genießen konnte. Über seine Tochter erfährt der Leser während der gesamten Novelle nicht mehr, als dass sie existiert und dass sie „schon Gattin" (S. 28) – also verheiratet – ist. Episodenhaft bleibt damit der Versuch des Schriftstellers, sich der bürgerlichen Konvention des Heiratens zu unterwerfen. Schon hier ist ein – wenn auch schicksalhaftes – Scheitern beim Versuch einer konsequenten Hinwendung zur Welt seines Vaters und dessen Vorfahren angedeutet.

Neben Parallelen zur Biografie des ebenfalls in Venedig verstorbenen Komponisten **Richard Wagner** und Thomas Manns eigenem Lebenslauf deutet vor allem das am Ende des zweiten Kapitels beschriebene Aussehen Aschenbachs auf eine weitere Person, der Thomas Mann nahe stand und der er im *Tod in Venedig* ein literarisches Denkmal gesetzt hat: Vorname und Aussehen erhält Aschenbach von dem Komponisten **Gustav Mahler**, der eben zur Entstehungszeit des *Tod in Venedig* starb und von dessen Tod Mann aus der Zeitung erfahren hat.

Gustav Mahler (1860–1911)

Weitere Eigenschaften Aschenbachs ergeben sich aus der Betrachtung seines Charakters als Künstler, seiner Ideale, seiner Ziele sowie seiner Arbeitsweise. Gerade die „Besonderheit“ der Künstlerexistenz Aschenbachs, die sich schon in der Gegensätzlichkeit der Charaktere seines Vaters und seiner Mutter manifestiert, findet sich hier vielfach aufgegriffen und weiterverarbeitet. Deutlich sind **Aschenbachs Lebens- und Kunstauffassung** von Gegensätzlichkeiten geprägt, deren wesentliche sich in der Unterdrückung alles formlosen, ungegliederten, hemmungslosen und entgrenzten Künstlertums zugunsten einer an den bürgerlichen Tugenden von Fleiß und Ordnung orientierten Grundhaltung ausdrückt. Nachdem zwar seine Jugend durch eine gegen die Gesellschaft aufbegehrende Phase (S. 25 f.) gekennzeichnet war, scheint der alte Aschenbach diese überwunden zu haben, formale Strenge und würdevolle Meisterlichkeit charakterisieren seine Kunst – „zum Ergötzen der bürgerlichen Massen“ (S. 25). Aschenbach begegnet dabei als ein fleißiger, der Diensteifrigkeit seiner staatsdienerischen Vorfahren in nichts nachstehender Arbeiter, der sich in beständiger Aufopferung für die Kunst (vgl. S. 22) das Beste abverlangt und die „Zucht“ als grundlegende Handlungsmaxime proklamiert: Er erhebt sie auf die Stufe einer „Moralität“, deren Grundlage ein tapfer-sittliches Verhalten ist, und verleiht der Leistung des Durchhaltens damit einen ethisch-moralischen Habitus, der durch die Hinweise auf „Willensdauer und Zähigkeit“, auf Opferbereitschaft und „Leistung“ (alle Zitate S. 20–22) weiter charakterisiert wird. Aschenbachs Lebensphilosophie und sein gesamtes Ethos definieren sich wesentlich durch diese **Tugend der Leistung.**

Die Grundlagen seiner Ästhetik korrespondieren dabei mit den Ansätzen der **Neuklassik,** die gerade während der Entstehungszeit der Novelle aktuell waren und hier ihren Niederschlag gefunden haben. Die Neuklassik versuchte, durch strenge Orientierung an der Regelmäßigkeit und Form eines Kunstwerks sowie durch die Hinwendung zur klassischen deutschen Dichtung das Hinterfragen der bürgerlichen Werte durch die **Décadence** aufzufangen und deren Endzeit- und Verfallstimmung einen positiven Gegenentwurf gegenüberzustellen. Ganz im Sinne dieser Ansätze zeichnet sich Aschenbach durch „Würde und Strenge" aus, sein Schönheitssinn erstarkt, „adelige Reinheit, Einfachheit und Ebenmäßigkeit der Formgebung" verleihen seiner Kunst ein „sinnfälliges, ja gewolltes Gepräge der Meisterlichkeit und Klassizität" (alle Zitate S. 27). Die Aufnahme seiner Werke in die Schulbücher zeigt, wie eng formale Strenge und Meisterlichkeit mit den moralischen Idealvorstellungen der bürgerlichen Gesellschaft verbunden waren und welche positive Wirkung auf die Jugend man sich von den entsprechenden Werken erhoffte. Die Verleihung des Adelstitels aufgrund seiner dichterischen Leistungen (S. 29) unterstreicht noch die enge Verbindung zwischen öffentlichen Wertvorstellungen und Aschenbachs Kunst.

Das in diesem Zusammenhang erwähnte Bestreben des Schriftstellers, „alt zu werden" (S. 21), das aus einem Wissen resultiert, nachdem „wahrhaft groß, umfassend, ja wahrhaft ehrenwert nur das Künstlertum zu nennen sei, dem es beschieden war, auf allen Stufen des Menschlichen charakteristisch fruchtbar zu sein" (S. 21) und seinen künstlerischen Beitrag zu liefern, verweist neben anderem auf eine weitere Figur, die bei der Charakterisierung Aschenbachs Pate stand: **Johann Wolfgang v. Goethe**. Thomas Mann bestätigt in einigen Briefen, dass *Der Tod in Venedig* zunächst als eine Auseinandersetzung mit dem Klassiker und dessen Altersliebe zu Ulrike von Levetzow geplant war.[2] Auch Goethe war längst zu Ruhm gelangt und als Schriftsteller anerkannt, bevor er sich in Marienbad der Liebe zu der Neunzehnjährigen hingab, was ebenso entwürdigend und grotesk gewirkt haben dürfte wie Aschenbachs Begeisterung für Tadzio. Dass Mann diesen Plan nicht weiter fortgesetzt hat, mag neben seinem großen Respekt vor dem Sujet Goethe auch daran gelegen haben, dass Ruhm und Würde des Klassikers eben nicht an dieser Liebe zerbrochen sind, dass hier also kein Verfall stattgefunden hat.

Auch in Bezug auf seine **physischen Kompetenzen** nimmt Aschenbach eine Haltung ein, die seiner Intuition eigentlich widerspricht. Früh schon durch körperliche Labilität gezeichnet und in diesem Zusammenhang auf Privatunterricht verpflichtet, arbeitet er konsequent gegen diese Defizite an. Die geballte Faust erscheint als Symbol seiner Lebenseinstellung (S. 20). Die Parolen von „Durchhalten" (S. 21) und „Trotzdem" (S. 23) werden zu Schlagwörtern der Aschenbach'schen Biografie, immer auch darauf verweisend, dass hintergründig schwelende Tendenzen entsprechende Maßnahmen notwendig machen.

Nun zeigt sich in der internationalen Beliebtheit Aschenbachs und seiner Werke, dass sich die **Gesamtgesellschaft** in einer ähnlichen Situation befindet. Auch hier scheinen Anfälligkeiten und Schwächen nur unterschwellig präsent und nach außen unterdrückt. Aschenbachs Leser finden sich wieder in den Worten, die in „Verlassenheit, Körperschwäche, Laster, Leidenschaften und tausend Hemmnissen zustande gekommen" (S. 23) sind. Schriftsteller und Leser sind sich einig in einer Haltung, die durch das **Bild des Heiligen Sebastian** verkörpert wird und deren Kennzeichen „Haltung im Schicksal" und „Anmut in der Qual" sind. „In stolzer Scham" beißen Aschenbach selbst, die Helden seiner Werke wie auch sein Publikum die Zähne auf-

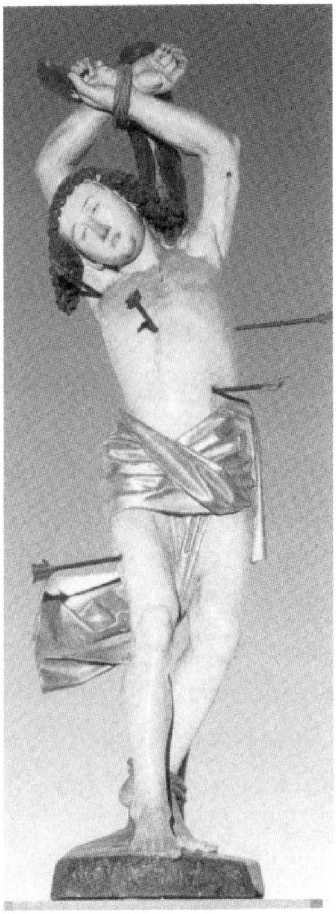

Sebastian: römischer Offizier u. christlicher Heiliger, unter Diokletian mit Pfeilen hingerichtet.

einander (S. 24) und praktizieren in dieser Moral des Durchhaltens ein neues Heldentum, einen **Heroismus der Schwäche** (S. 24). Auch hierin mag man wieder Anspielungen auf die dekadenten Tendenzen in der Gesellschaft zur Zeit der Jahrhundertwende sehen. Wie tragfähig diese weitere Kombination von Gegensätzlichkeiten ist, zeigt sich – exemplarisch verdeutlicht an Aschenbach – im weiteren Verlauf der Novelle.

Von Beginn an sind die beschriebenen Gegensätze also in Aschenbach präsent und es bedarf lediglich eines kleinen Anstoßes, der in dem erschöpften Schriftsteller die Reiselust auslöst und den gesamten Ablauf des – lange aufgehaltenen – Verfalls in Bewegung setzt. Allein die Schreibblockade Aschenbachs signalisiert das Ende des eingeschlagenen Weges und führt den erschöpften Schriftsteller zu einem Friedhof, wo die allmähliche Auflösung seiner würdevollen und angepassten Fassade beginnt. Der seltsame Wanderer tut ein Übriges und bereits die ausgelöste Reiselust macht ein Umkehren, einen Ausweg aus dem Verfall unmöglich. Aschenbach entfernt sich immer weiter von den lange aufrecht erhaltenen Tugenden des bürgerlichen Lebens und seiner Vorfahren. Im Rückgriff auf mythologische Themen und Motive, die scheinbare Parallelen zu seiner eigenen Situation aufweisen, versucht der verblendete Schriftsteller sich selbst zu betrügen und seine Empfindungen durch sein Künstlertum zu legitimieren – seine Fassade von Meisterlichkeit und Klassizität aufrecht zu erhalten. Erst im letzten Kapitel rekapituliert er die Problematik der Entwicklung und erkennt, wie nah der Weg des Dichters am Abgrund vorbei führt und wie unvereinbar Künstlerexistenz und bürgerliches Leben im Grunde genommen sind (S. 134 f.).

Gustav von Aschenbach – Konfrontation von Gegensätzen

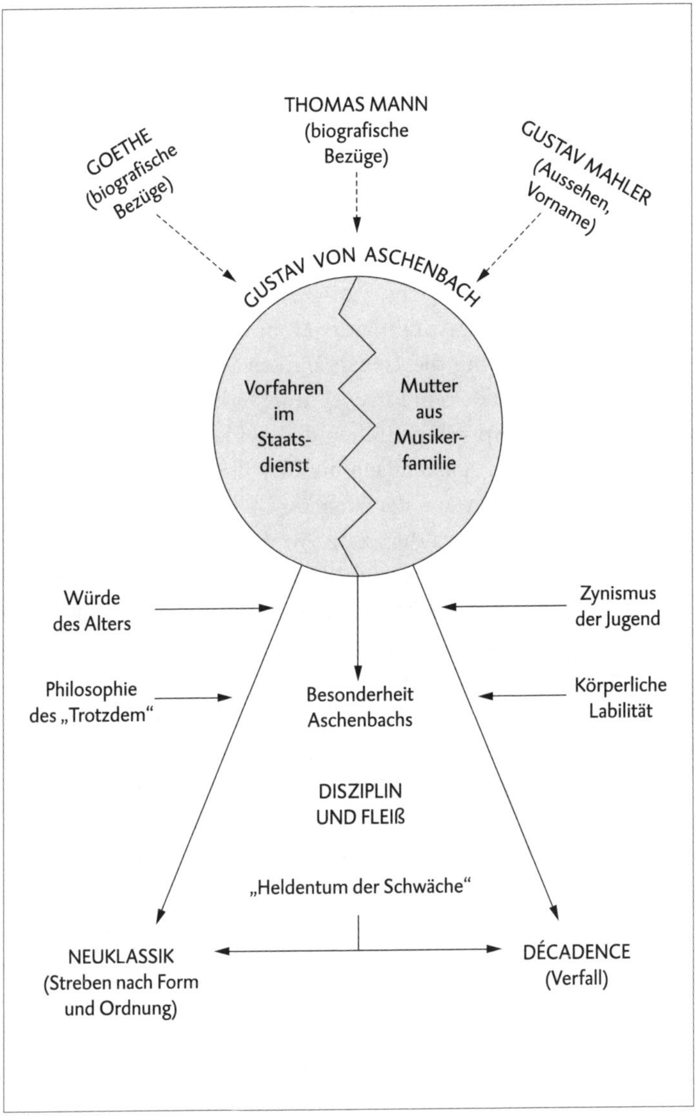

Tadzio

Tadzio spielt bei genauer Betrachtung als Persönlichkeit kaum eine Rolle in der Novelle, sind es doch vor allem die Projektionen Aschenbachs, die ihn für den Verlauf der Handlung wichtig werden lassen. Man mag dem Knaben eine gewisse Ausstrahlung, einen gewissen Liebreiz zugestehen, die auch ohne das Zutun der Aschenbach'schen Verklärung zu seiner Persönlichkeit gehören, seine folgenreiche Interpretation als Inkarnation der vollkommenen Schönheit geht aber eher auf die Stimmung und den Charakter Aschenbachs zurück, als dass der Knabe hieran einen eigenständigen Anteil hätte. Mehr und mehr nimmt er im Verlauf der Handlung die Gedanken des Schriftstellers ein und wird zur Folie von dessen Entwicklung. In keiner Szene entsteht ein wirkliches Gespräch zwischen den beiden, Tadzios bewusste Hinwendungen zu Aschenbach bleiben allenfalls latent vorhanden und sind immer aus der Sicht Aschenbachs vermittelt. Ein Beispiel hierfür ist etwa die Szene, in der die Straßensänger vor dem Hotel auftreten und der Knabe neben Aschenbach am Geländer der Terrasse lehnt. Der ernste Aschenbach blickt zu Tadzio herüber, „und indem er es tat, durfte er bemerken, daß der Schöne, in Erwiderung seines Blickes, ebenfalls ernst blieb, ganz so, als richte er Verhalten und Miene nach der des anderen und als vermöge die allgemeine Stimmung nichts über ihn, da jener sich ihr entzog" (S. 116). Ähnliches findet sich bei den Verfolgungen durch die Gassen Venedigs: „Tadzio ging hinter den Seinen, er ließ der Pflegerin und den nonnenähnlichen Schwestern in der Enge gewöhnlich den Vortritt, und einzeln schlendernd wandte er zuweilen das Haupt, um sich über die Schulter hinweg der Gefolgschaft seines Liebhabers mit einem Blick seiner eigentümlich dämmergrauen Augen zu versichern." (S. 132)

In seiner Funktion als Folie oder als Auslöser von Aschenbachs Verfall ordnet sich die Figur Tadzio auf verschiedenen Ebenen in die Symbolik der Novelle und deren leitmotivische Komposition ein. Mehrfach bezeichnet Aschenbach Tadzio als einen Gott, in dem Schönheit und Vollkommenheit verkörpert scheinen. Nur allmählich wandelt sich die Bewertung des Schönen, bis er schließlich zum Abgott wird und immer deutlicher die Rolle des Seelengeleiters, des Psychagogen, einnimmt (vgl. *Interpretationshilfe,* S. 53). Darüber hinaus sei erwähnt, dass es den polnischen Knaben, wie ihn die Novelle beschreibt, wirklich gegeben hat. Thomas Mann hat ihn bei einem Venedigurlaub kennen gelernt und einige autobiografische Momente in den *Tod in Venedig* integriert. Die Ausführungen von Katja Mann geben davon einen Eindruck:

> *Wir fuhren mit dem Dampfer nach Venedig. Mein Mann hing über die Maßen am Lido und an Venedig. Wir waren oft dort; sonst waren wir immer mit der Eisenbahn gekommen. Auf dieser Reise kamen wir zum ersten Mal von der See aus herein, und auf dem Schiff war tatsächlich auch der greise Geck, ein offenbar geschminkter und hergerichteter älterer Herr, umgeben von jungen Leuten. Die tobten und machten Unsinn.*
> *Wir kamen an und suchten eine Gondel, die uns herüberfährt nach dem Lido. Es kam auch gleich einer und erklärte, er wäre bereit, uns zu fahren. Und wie wir aussteigen und ihn bezahlen, kam ein Dortiger und sagte: Der hat ja gar keine Konzession. Da haben Sie Glück gehabt, daß Sie keine Unannehmlichkeiten hatten!*
> *Also dieser Geck war da, und der Gondoliere war da.*
> *Dann gingen wir in das Hotel-des-Bains, wo wir reserviert hatten. Es liegt am Strand, war gut besucht, und bei Tisch, gleich den ersten Tag, sahen wir diese polnische Familie, die genau so aussah, wie mein Mann sie geschildert hat: mit den etwas steif und streng gekleideten Mädchen und dem sehr reizenden, bildhübschen, etwa dreizehnjährigen Knaben, der mit einem Matrosenanzug, einem offenen Kragen und einer netten Masche gekleidet war, und meinem Mann sehr in die Augen stach. Er*

hatte sofort ein Faible für diesen Jungen, er gefiel ihm über die Maßen, und er hat ihn auch immer am Strand mit seinen Kameraden beobachtet. Er ist ihm nicht durch ganz Venedig nachgestiegen, das nicht, aber der Junge hat ihn fasziniert, und er dachte öfters an ihn.[3]

3 Die Erzähltechnik

Erzählverhalten

Die Novelle wird dem Leser durch einen Erzähler vermittelt, der sich gleichsam allwissend in den Erzählvorgang einschaltet. Er kommentiert, reflektiert und beurteilt das Erzählte und kennt die inneren Vorgänge der Beteiligten – das Erzählverhalten im *Tod in Venedig* ist somit im Wesentlichen ein **auktoriales**. Schon der erste Abschnitt des ersten Kapitels (S. 9) weist die umfassende Allwissenheit dieses auktorialen Erzählers aus: Er kennt Aschenbachs Lebensgeschichte, er informiert über die zeitgeschichtlichen Umstände und er hat Einblick in Stimmung und Gedanken des Spaziergängers. In der Anspielung auf das Cicero-Zitat kann man gegebenenfalls einen Verweis auf die klassische Bildung dieses Erzählers – und damit auf ein Spezifikum seines eigenen Charakters sehen.

Über die prinzipielle Orientierung des Erzählten an Aschenbach und seinen Erlebnissen hinaus deuten die Formulierungen an manchen Stellen ansatzweise auf ein **personales** Erzählverhalten, wenn das Geschehen allein aus der Sicht Aschenbachs geschildert und von ihm gedeutet wird. So ist es zum Beispiel eine Vermutung Aschenbachs, nach welcher der seltsame Wanderer „*offenbar* nicht bajuwarischen Schlages“ ist, er *scheint* einen grauen Wetterkragen zu tragen und seine Lippen *scheinen* zu kurz (S. 11 f.). Auch die Fahrt mit der schwarzen Gondel wird aus der vermutenden Perspektive des Fahrgastes erzählt, dem es „*schien,* dass er nicht allzu sehr ruhen dürfe“ (S. 42). Die Schilderung der Begegnung Tadzios mit Aschenbach auf der Terrasse des Hotels (S. 116) bedient sich dieser Form des personalen Erzählverhaltens ebenfalls.

Neben den genannten Merkmalen des Erzählverhaltens finden sich immer wieder auch kurze **Selbstgespräche** (z. B. S. 59, 97) und **erlebte Reden** (z. B. S. 105), in denen Gustav von Aschenbach seine inneren Vorgänge selbst schildert. Die Verwendung der **direkten Rede** (z. B. S. 33) ist äußerst selten.

Erzählerkommentare

An manchen Stellen schaltet sich der Erzähler ausdrücklich **kommentierend** in das Erzählte ein. Der unvoreingenommene Leser, der zunächst kaum etwas Außergewöhnliches oder gar Schlimmes in der Fortentwicklung des Geschehens vermutet, wird durch Kommentare schwankender Deutlichkeit und unterschiedlichen Umfangs auf zweifelhafte Aspekte des Aschenbach'schen Verhaltens hingewiesen. Neben kurzen Deutungen, die sich schon in bestimmten wertenden Formulierungen, etwa der Bezeichnung Aschenbachs als den „Enthusiasmierten“ (S. 85) oder den „Berückten“ (S. 93), niederschlagen können, finden sich ausführliche kommentierende Einschaltungen. Bereits im ersten Kapitel äußert der Erzähler eine Vermutung, die in unmittelbarem Zusammenhang zur Gesamtthematik der Novelle steht. Er kommentiert die Schreibblockade Aschenbachs und fragt:

> *Rächte sich nun also die geknechtete Empfindung, indem sie ihn verließ, indem sie seine Kunst fürder zu tragen und zu beflügeln sich weigerte und alle Lust, alles Entzücken an der Form und am Ausdruck mit sich hinwegnahm?* (S. 17)

Weitere Bemerkungen des Erzählers lassen ahnen, dass er der Lebensführung des Protagonisten eher distanziert gegenübersteht und dass er den Ausgang der Venedigreise kennt. „Ist nicht das Nichts eine Form des Vollkommenen?“ (S. 60), kommentiert er die Gedanken Aschenbachs, ausführlich nimmt er im zweiten Kapitel Stellung zu dessen Klassizität und vermutet „seltsame Zusammenhänge“ zwischen dessen Lebensauffassung und seinem Schönheitssinn (S. 27 f.). Das problematische Verhältnis zwischen dichterischem Formstreben und Moralität deutet sich an, wenn formuliert wird:

> *Aber moralische Entschlossenheit jenseits des Wissens, der auflösenden und hemmenden Erkenntnis – bedeutet sie nicht wiederum eine Vereinfachung, eine sittliche Vereinfältigung der Welt und der Seele und also auch ein Erstarken zum Bösen, Verbotenen, zum sittlich Unmöglichen? Und hat die Form nicht zweierlei Gesicht? Ist sie nicht sittlich und unsittlich zugleich, – sittlich als Ergebnis und Ausdruck der Zucht, unsittlich aber und selbst widersittlich, sofern sie von Natur eine moralische Gleichgültigkeit in sich schließt, ja wesentlich bestrebt ist, das Moralische unter ihr stolzes und unumschränktes Szepter zu beugen?* (S. 27 f.)

Verschleierungen und Untertreibungen

Den mehr oder weniger deutlichen Hinweisen des kommentierenden Erzählers stehen während des gesamten Handlungsverlaufs Formulierungen entgegen, die durch Verschleierungen und Untertreibungen die Ereignisse und ihre gefährlichen Verweise zu bagatellisieren versuchen – in der Regel aus der Perspektive Aschenbachs. Schon zu Beginn relativiert der Schriftsteller die merkwürdigen Gefühle, die die Begegnung am Hauptfriedhof in ihm auslöst. Er versucht, sie „durch Vernunft und von jung auf geübte Selbstzucht“ (S. 15 f.) zu entkräften. „Es war Reiselust, nichts weiter“ (S. 13), lautet die untertriebene Deutung der aufgekommenen Unruhe, floskelhaft entledigt sich Aschenbach der Verunsicherung. Auch seine Scheu, die dunkle Gondel zu betreten, verliert ihren vorausdeutenden Charakter scheinbar, wenn sie auf die generelle Befremdlichkeit zurückgeführt wird, die man beim ersten Betreten eines solchen Transportmittels fühlt (S. 41). Das merkwürdige, fast unheimliche Benehmen des Gondoliers klärt sich als dessen Angst vor den Munizipalbeamten auf, wie auch der geschminkte Alte seine Auffälligkeit vor allem aus seiner – eigentlich unspektakulären – Trunkenheit bezieht (S. 38 f.). Auch in den Begegnungen Aschenbachs mit Tadzio ist – zumindest bis zum Eingeständnis der Liebe – vieles unausgesprochen und verschleiert. Entgegen den Beschreibungen ahnt der Leser freilich, dass Aschenbach am Tag nach der ersten Konfrontation mit Tadzio im Speisesaal nicht zufällig noch am Frühstückstisch sitzt, als der „Langschläfer" eintrifft (S. 56), und auch das Herzklopfen des Schriftstellers bei der verpassten Begegnung mit dem Knaben auf dem Brettersteig am Strand kommt wohl nicht wirklich allein vom schnellen Gang (S. 88 f.).

Angeleitet durch den Erzähler, ist der Leser des *Tod in Venedig* dem Hauptprotagonisten damit immer einen Schritt voraus. Fast von Beginn an ahnt er den Ausgang der Novelle und findet immer weitere Bestätigungen für seine Vermutung. Allein Aschenbach scheint für die Hinweise blind.

Sprache

Obwohl es sich bei der Novelle um einen Prosatext handelt, fällt beim Lesen schnell auf, wie poetisch anspruchsvoll die Sätze formuliert und wie ausdrucksstark die Wörter ausgewählt und zu einem sprachlichen Gesamtkunstwerk verbunden wurden. Thomas Mann bemüht sich, seinen Erzähler in eben jener „Meisterhaltung des Stils" (S. 134) auftreten zu lassen, die als charakteristische Eigenheit Gustav von Aschenbachs beschrieben wird. In weiten Strecken der Novelle – vor allem in ihrem zweiten Kapitel – wird eine überzeugende und auffällige **Kongruenz von Erzählton und Erzählinhalt** erreicht und präsentiert, wenn dort in kunstvoll gebildeten Sätzen und ausgesuchten Formulierungen das Werk Aschenbachs beschrieben und gepriesen wird.

Zahlreiche **sprachliche Mittel** sind für diesen gehobenen Stil verantwortlich: Schon am Klang mancher Sätze fallen nahezu lautmalerische Qualitäten auf. Namentlich die Alliterationen im Traum vom fremden Gott (S. 125 f.) bedingen eine enorme Anschaulichkeit der Schilderung und unterstützen die unheimliche Stimmung der ekstatisch-musikalischen Orgie durch ihre rhythmisierende Formulierung. Fast metrische Qualitäten erhält die Mann'sche Prosa, wenn auf Satzrhythmen zurückgegriffen wird, die an Hexameterverse erinnern. Sie festigen und unterstützen die inhaltlichen Verweise auf Antike und Mythologie und weisen den Erzähler als einen klassisch Gebildeten aus. Gerade das vierte Kapitel steht deutlich im Zeichen dieses antikisierenden Stils, wenn es etwa schon zu Beginn heißt:

> *Nun lenkte Tag für Tag der Gott mit den hitzigen Wangen nackend sein gluthauchendes Viergespann durch die Räume des Himmels, und sein gelbes Gelock flatterte im zugleich ausstürmenden Ostwind. Weißlich seidiger Glanz lag auf den Weiten des träge wallenden Pontos* [...] (S. 77)

Bemerkenswert ist der **Satzbau.** Lange Schachtelsätze, die in hypotaktischen Satzgefügen mit vielen Nebensätzen die Handlung beschreiben, wirken wegen ihrer konsequenten, grammatisch korrekten Struktur sowie dem gekonnten Einsatz ordnender Bindewörter trotz ihrer Länge als gut lesbar. Kurze, prägnante Sätze, die nahezu lakonisch das Geschehen raffen, stehen diesen gegenüber – hier kann es zu Tempuswechseln ins Präsens kommen.

Charakteristisch ist auch die **Wortwahl.** Die Einbeziehung von Fremd- und Fachwörtern, veralteten Formulierungen, substantivierten Adjektiven sowie die häufige Verarbeitung von Zitaten und antik-mythologischen Motiven tragen ihrerseits zum Meisterstil der Novelle bei. Eine prägnant-treffende Charakterisierung Aschenbachs aus der Sicht des Erzählers bewirken die häufigen Antonomasien, in denen dieser Aschenbach (aber auch andere Figuren) immer wieder umschreibt.

Sprachliche Besonderheiten in *Der Tod in Venedig*

Alliterationen	– „und sein gelbes Gelock flatterte im zugleich ausstürmenden Ostwind ..." (S. 77) – „Getümmel, Getöse, ein Gemisch von Lärm" (S. 125) – „Qualmige Glut glomm auf" (S. 125) – „Flammen, Tumult und taumelnden Rundtanz" (S. 125) – „da heulten sie zügelloser die Losung" (S. 127)
Anlehnung an das Metrum des Hexameter	– „... oft veränderten Schmuck und warme Bäder und Ruhe ..." (S. 56) – „... ruhte die Blüte des Hauptes in unvergleichlichem Liebreiz ..." (S. 57) – „... als sei er entrückt ins elysische Land, an die Grenzen der Erde ..." (S. 79) – „... Muscheln, Seepferdchen, Quallen und seitlich laufende Krebse ..." (S. 81)
komplex verschachtelte (hypotaktische) Satzgefüge	– „Überreizt von der schwierigen und gefährlichen, eben jetzt höchste Behutsamkeit, Umsicht, Eindringlichkeit und Genauigkeit des Willens erfordernden Arbeit der Vormittagsstunden, hatte der Schriftsteller dem Fortschwingen des produzierenden Triebwerkes in seinem Innern, jenem »motus animi continuus«, worin nach Cicero das Wesen der Beredsamkeit besteht, auch nach der Mittagsmahlzeit nicht Einhalt zu tun vermocht und den entlastenden Schlummer nicht gefunden, der ihm, bei zunehmender Abnutzbarkeit seiner Kräfte, einmal untertags so nötig war." (S. 9) – „So – und vielleicht trug sein erhöhter und erhöhender Standort zu diesem Eindruck bei – hatte seine Haltung etwas herrisch Überschauendes, Kühnes oder selbst Wildes; denn sei es, daß er, geblendet gegen die untergehende Sonne grimassierte oder daß es sich um eine dauernde physiognomische Entstellung handelte: seine Lippen schienen zu kurz, sie waren völlig von den Zähnen zurückgezogen, dergestalt, daß diese, bis zum Zahnfleisch bloßgelegt, weiß und lang dazwischen hervorbleckten." (S. 12)
geraffte Sätze	– „Er frühstückte ohne Eile, empfing aus der Hand des Portiers, der mit gezogener Tressenmütze in den Saal kam, einige nachgesandte Post und öffnete, eine Zigarette rauchend, ein paar Briefe." (S. 56)

	– „Ins Hotel zurückgekehrt, gab er noch vor dem Diner im Bureau die Erklärung ab, daß unvorhergesehene Umstände ihn nötigten, morgen früh abzureisen. Man bedauerte, man quittierte seine Rechnung. Er speiste und verbrachte den lauen Abend, Journale lesend, in einem Schaukelstuhl auf der rückwärtigen Terrasse …" (S. 69) – „Er erreichte sie, er nimmt Platz, – und was folgte, war eine Leidensfahrt, kummervoll, durch alle Tiefen der Reue." (S. 71) – „Unterdessen nähert sich das Dampfboot dem Bahnhof, und Schmerz und Ratlosigkeit steigen bis zur Verwirrung. Die Abreise dünkt den Gequälten unmöglich, die Umkehr nicht minder. So ganz zerrissen betritt er die Station …" (S. 73)
Fremdwörter und veraltete Formulierungen	– „Um Mittag nötigte man ihn zur Kollation …" (S. 37) – „… mit dem munteren Kapitän pokulierten …" (S. 37) – „… zwischen Gondeln und Dampfern lavierend …" (S. 74)
Substantivierungen	– „Ebenso weit entfernt vom Banalen wie vom Exzentrischen …" (S. 20) – „Was er suchte war das Fremdartige und Bezuglose …" (S. 31) – „… sich ins Sonderbare und Fratzenhafte zu entstellen …" (S. 39)
Antonomasien (Umschreibung eines Eigennamens durch bes. Kennzeichen)	– „der Wartende" (S. 11) – „der Erfolgreiche" (S. 20) – „der Enthusiasmierte" (S. 85) – „dem Berückten" (S. 93) – „der Einsame" (S. 115)
Zitate und Anspielungen auf antike Dichtung und Mythologie	– „… jenem »motus animi continuus« …" (S. 9) – „Oft veränderten Schmuck und warme Bäder und Ruhe …" (S. 56) – „Dir aber rat ich, Kritobulos …" (S. 63) – „Weißlich seidiger Glanz lag auf den Weiten des träge wallenden Pontos. Der Sand glühte. Unter der silbrig flirrenden Bläue des Äthers waren …" (S. 77) – „… als sei er entrückt ins elysische Land …" (S. 79) – „Und unter Artigkeiten und geistreich werbenden Scherzen belehrte Sokrates den Phaidros über Sehnsucht und Tugend." (S. 85)

Ironie

Schon in einigen Antonomasien und Umschreibungen wird deutlich, dass der Erzähler ein mehr und mehr **distanziertes Verhältnis zum Geschehen**, eine mehr und mehr kritische Einstellung gegenüber Aschenbach einnimmt und diese dem Leser ebenfalls zu suggerieren versucht. Auch die eingeschalteten Kommentare weisen auf zunehmende Distanz zu dem eigentlich als vorbildlich – nach den Kriterien der Öffentlichkeit! – geschilderten Schriftsteller.

Unterstützt wird diese Abwendung durch sublime Formen ironischer Anspielungen. Scheint der klassisch gewundene Erzählton im zweiten Kapitel noch eine Würdigung des Aschenbach'schen Künstlertums, so muss im weiteren Verlauf der Novelle und spätestens im Rückblick auf die Gesamtlektüre der gesamte Meisterstil, dessen sich der Erzähler bedient, als Parodie und Infragestellung der Schreibart und des gesamten Künstlertums Aschenbachs verstanden werden. Der Schriftsteller erkennt die Problematik freilich selbst, wenn er bemerkt: „Die Meisterhaltung unseres Stils ist Lüge und Narrentum, unser Ruhm und Ehrenstand eine Posse." (S. 134 f.) Geschickt und zunächst unbemerkt gelingt es Thomas Mann damit, dem Leser die Problematik der Künstlerexistenz mit deren eigenen Mitteln zu veranschaulichen und die Unzulänglichkeit des reinen Formstrebens zu verdeutlichen.

Es sind neben den offensichtlichen Anspielungen, wie sie zum Beispiel in den Worten des Matrosen begegnen, der Aschenbach „ein glücklich gewähltes Reiseziel" (S. 33) verheißt, vor allem **Übertreibungen** und **Anspielungen**, die die Ironie des *Tod in Venedig* ausmachen. Ein Beispiel hierfür ist etwa die übertrieben unkritische Beschreibung von Aschenbachs Ruhm im zweiten Kapitel, deren Ironie unmerklich in solchen Formulierungen wie „Zehn Jahre später hatte er gelernt, […] in einem Briefsatz, der kurz sein mußte […] gütig und bedeutend zu sein" (S. 20) verborgen liegt und sich erst beim zweiten Lesen erschließt. Auch die Beschreibung von Aschenbachs Aussehen deutet in diese Richtung, scheint die Grenze des Ernstgemeinten doch erreicht, wenn es heißt: „Bedeutende Schicksale schienen über dies meist leidend seitwärts geneigte Haupt hinweggegangen zu sein, und doch war die Kunst es gewesen, die hier jene physiognomische Durchbildung übernommen hatte, welche sonst das Werk eines schweren, bewegten Lebens ist." (S. 30)

4 Motive und Leitmotive

Was ist ein Leitmotiv?

Der Begriff des Leitmotivs gehört ursprünglich zur Fachterminologie der Musikwissenschaft. Er bezeichnet einen charakteristischen Melodieteil, der an bestimmten Stellen wiederholt wird und der verdeutlichen soll, dass einzelne Stimmungen oder Gefühle aufgegriffen werden. Darüber hinaus hat oft auch das Thema einer Figur – zum Beispiel in der Oper – leitmotivischen Charakter. In der Literaturwissenschaft wird der Begriff – in Anlehnung daran – im Sinne einer **formelhaften Wiederkehr bestimmter Formulierungen, Wörter oder Bilder** verwandt. Auf Leitmotive wird in Fällen zurückgegriffen, in denen dem Leser spezifische thematische Zusammenhänge oder Vorausdeutungen veranschaulicht werden sollen.

Man führt den Einsatz der Leitmotivtechnik vor allem auf den Komponisten **Richard Wagner** zurück, von dessen Musik Thomas Mann begeistert war und der entscheidende Einflüsse auf sein Werk ausübte. Die Idee, dass Wagners Musik eine fast rauschhafte Empfindung und eine damit verbundene Verführung zum Tode auslöse, findet sich im Werk Manns mehrfach aufgegriffen.

Um in formaler, gleichsam kompositorischer Hinsicht derartige Gedanken in seine Werke zu übertragen, bedient sich

Thomas Mann häufig der Leitmotive, die zum Teil sogar über einzelne Werke hinweg in Beziehung gesetzt werden können. Auch im *Tod in Venedig* finden sich zahlreiche Beispiele, die vor allem dazu dienen, einzelne Handlungselemente zu verknüpfen und in verschiedenen Zusammenhängen auf den Ausgang der Novelle anzuspielen. Wie die oben beschriebenen Anspielungen und die Erzählerkommentare verleiht auch der Verweischarakter der Leitmotive dem Leser einen Vorsprung gegenüber Aschenbach, aufgrund dessen die Tragik seines Scheiterns umso deutlicher wahrgenommen werden kann. Die wichtigsten Motive werden im Folgenden beschrieben.

Todesboten

Trotz zahlreicher – mehr oder weniger offensichtlicher – Hinweise bleibt es Aschenbach scheinbar verborgen, dass sein gesamter Weg zwischen dem Spaziergang zum Münchner Nordfriedhof bis hin zu seinem Tod am Strand von Venedig durch eine Gruppe von Menschen gesäumt wird, die in einer geheimnisvollen Beziehung zu stehen scheinen. Es sind vor allem immer wieder Auffälligkeiten in deren äußerer Erscheinung, die diese Figuren als zusammengehörig kennzeichnen und sie bei genauerem Hinsehen als vorausdeutende Boten des Todes charakterisieren.

Namentlich der seltsame **Wanderer am Nordfriedhof** (S. 11 f.), der unfreundliche **Gondolier** mit der schwarzen Gondel (S. 41 f.) und der unheimliche **Straßensänger** vor dem Hotel (S. 108 f.) weisen eine Fülle von äußerlichen Parallelen auf, die sich bis in die sprachliche Ausgestaltung verfolgen lassen. Alle drei Figuren werden als eines fremden Schlages charakterisiert, womit sie etwas Fremdartiges und damit Unberechenbares bekommen, ihre kühne und brutale Physiognomie unterstützt diesen Eindruck. Auffällig sind auch die Hüte der Figuren oder das Merkmal der kurzen, stumpfen Nasen. Wie vielfältig die Übereinstimmungen dieser Figuren sind, zeigt die Tabelle.

Übersicht über die Merkmale der „Todesboten“

Wanderer am Nordfriedhof (S. 11 f.)	Gondolier (S. 41 f.)	Straßensänger (S. 108 f.)
mäßig hochgewachsen, mager	schmächtig von Leibesbeschaffenheit	schmächtig gebaut und auch von Antlitz mager und ausgemergelt
bartlos		bartlose Züge
auffallend stumpfnäsig		stumpfnäsiges Gesicht
gehörte … zum rothaarigen Typ	die rötlichen Brauen gerunzelt	ein Wulst seines roten Haares seine rötlichen Brauen
war er durchaus nicht bajuwarischen Schlages ein Gepräge des Fremdländischen und Weithergekommenen	ließen ihn durchaus nicht italienischen Schlages erscheinen	er schien nicht venezianischen Schlages
der breit und gerade gerandete Basthut	und einen formlosen Strohhut	
gelblichen Gurtanzug	mit einer gelblichen Schärpe gerüstet	
so daß an seinem … Halse der Adamsapfel stark und nackt hervortrat		sein hagerer Hals mit auffallend groß und nackt wirkendem Adamsapfel
kurz aufgeworfene Nase	kurz aufgeworfene Nase	
energische Furchen		die beiden Furchen
so … hatte seine Haltung etwas herrisch Überschauendes, Kühnes oder selbst Wildes	ein Mann von ungefälliger, ja brutaler Physiognomie	brutal und verwegen, gefährlich und unterhaltend trotzig, herrisch, fast wild
er … grimassierte		durchpflügt von Grimassen fielen in eine Grimasse komischer Ratlosigkeit
seine Lippen schienen zu kurz, sie waren völlig von den Zähnen zurückgezogen	zog er vor Anstrengung die Lippen zurück und entblößte seine weißen Zähne	entblößte seine starken Zähne

Etwas verhaltener, aber nicht minder eindeutig, ordnen sich weitere Figuren in diese Reihe ein. Auch der **Matrose** (S. 32 f.) trägt seinen Hut auffällig und schief in der Stirn, auch er wirkt grimassenhaft und hat gelbe, knochige Finger. Der **betrunkene Alte** (S. 34 f.) weist ebenfalls entsprechende Eigenschaften auf: Er trägt einen farbig umwundenen Strohhut, sein Hals ist verfallen und sehnig, auch sein Gebiss ist gelb. Das Motiv des Strohhuts ist noch einmal in der Beschreibung des **Bademeisters** (S. 58) aufgegriffen.

Welchen Hintergrund hat nun diese offensichtliche Zusammengehörigkeit der bezeichneten Figuren? Zunächst symbolisieren sie scheinbar den **Tod** selbst, wobei die Literaturwissenschaft inzwischen davon ausgeht, dass Thomas Mann hierbei auf eine Darstellung des „Gevatter Tod“, wie sie von Lessing und Schiller als charakteristisch für die Antike angesehen wurde, zurückgegriffen hat. Auch dort begegnet der Tod als „Wanderer mit gekreuzten Füßen und dem in die Hüfte gestemmten Stab“.[4] Deutlich erinnern die Figuren mit ihren zurückgezogenen Lippen und den gelben Zähnen an das Aussehen eines Totenschädels, wie er Thomas Mann zum Beispiel auf den mittelalterlichen Darstellungen des Totentanzes in seiner Heimatkirche anschaulich begegnet sein könnte.

Eindeutige Anspielungen finden sich auch auf den griechischen Gott **Hermes**, den Gott der Wanderer und Reisenden, der die Aufgabe hatte, die Seelen der Toten in die Unterwelt zu geleiten. Vor allem die Attribuierung als „wandererhaft“ oder die Beschreibung der Strohhüte, Rucksäcke oder wiederum der gekreuzten Beine erinnern an den griechischen Seelengeleiter und weisen auf das Ende des Romans voraus. In Anlehnung an das mythologische Vorbild treten die erwähnten Figuren dabei sowohl in den Details ihrer jeweiligen Schilderung wie auch im Gesamtzusammenhang ihres Auftretens in die Funktion der Begleitung des Aschenbach’schen Schicksalswegs.

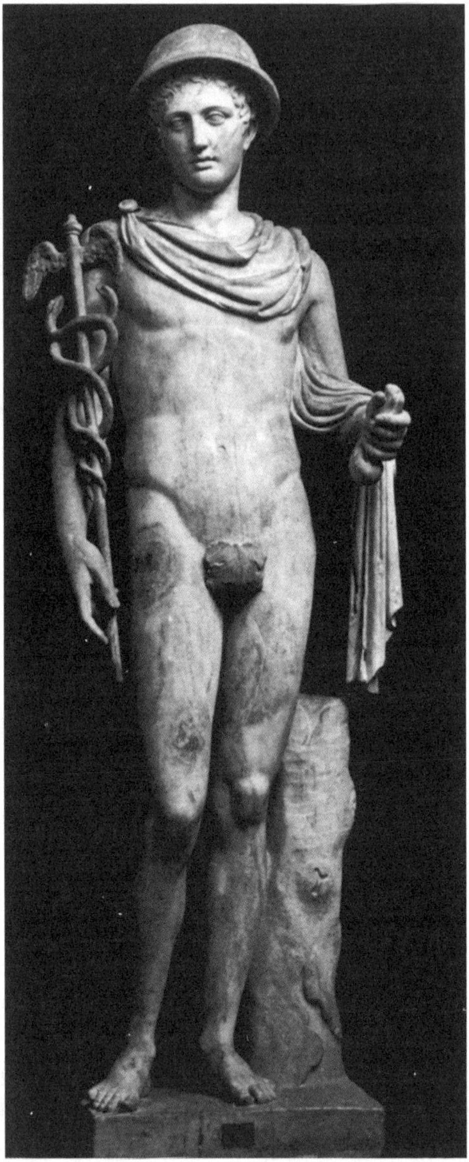

Hermes (Merkur) als Götterbote. Marmorstatue im Vatikanischen Museum

Auch Anspielungen auf den griechischen Gott **Dionysos** lassen sich in den Beschreibungen der Figuren nachweisen. Namentlich in ihrer Kennzeichnung als fremd, wild und herrisch transportieren sie spezifische Charakteristika dieses Gottes des Rausches und der Entgrenzung.

Welche Aufgabe diese – aus verschiedenen Motivbereichen montierten – Figuren inne haben, wird nun deutlich: In mehr oder weniger auffälligen symbolischen Hinweisen und Andeutungen auf den Tod, den Seelengeleiter Hermes und den entgrenzenden Dionysos weisen sie allesamt auf den tragischen Ausgang der Novelle hin. Aschenbach selbst scheint die Hinweise nicht wahrzunehmen, immer wieder flüchtet er sich in Vernunft und Ordnung, er verdrängt das Erlebte. Allein der Leser spürt die latente Bedrohung während des gesamten Handlungsverlaufs und ist – entsprechend sensibilisiert – offen für die Hinweise der Todesboten.

Den unbedingt zu beachtenden End- und Kulminationspunkt der Motivreihe der Todesboten bildet eine Figur, die erst beim zweiten Hinsehen ihre entsprechenden Erkennungsmerkmale aufdeckt: **Tadzio** selbst erweist sich als der letztlich endgültige Seelengeleiter. Der Schluss der Novelle identifiziert ihn ausdrücklich als den Psychagogen und schon vorher enttarnt er sich ansatzweise. Dass seine Kränklichkeit ein Hinweis auf Tod und Vergehen ist, bedarf keiner näheren Erläuterung, weitere Beschreibungen seines Aussehens scheinen allerdings durch die Perspektive Aschenbachs verklärt und daher weniger offensichtlich: Tadzios Kopf wird als Haupt „von gelblichem Schmelze parischen Marmors“ (S. 57) beschrieben, womit das Farbmotiv der gelben Zähne eindeutig aufgegriffen wird. Seine Zähne selbst erscheinen dem Beobachter schließlich als „zackig und blaß“ (S. 66) und die Haltung mit den gekreuzten Füßen auf der Terrasse des Hotels (S. 110) entlarvt ihn als Teil der Motivreihe der Todesboten.

Weitere Todesmotive

Außer in Form der verschiedenen Todesboten und Seelengeleiter sind Tod und Sterben im *Tod in Venedig* in zahlreichen weiteren Symbolen und Motiven angedeutet. Schon der **Titel** gehört zweifellos in diesen Zusammenhang, suggeriert er dem Leser doch – bei aller Uneindeutigkeit seines Bezuges – den tödlichen Ausgang der Novelle. Nicht weniger eindeutig ist Aschenbachs Begegnung mit dem fremden Wanderer am **Nordfriedhof** (S. 10 f.) und selbst sein **Familienname** kann als Anspielung verstanden werden. Bei der schwarzen **Gondel** assoziiert er die Ähnlichkeit mit einem Sarg sogar selbst (S. 41 f.). Dass mit der Gondel darüber hinaus auch auf die griechische Mythologie angespielt ist, nach welcher die Seelen der Toten über den Fluss Lethe in das Reich der Toten übergesetzt werden, bedarf ebenfalls keiner weiteren Erklärung.

Auch **Tadzio** hat – wie oben beschrieben – Teil an der Reihe der Todesmotive, deutet seine Gesichtsfarbe doch auf eine gewisse gesundheitliche Labilität hin, die Aschenbach vermuten lässt: „Er wird wahrscheinlich nicht alt werden." (S. 66) Aschenbach trinkt auf der Hotelterrasse **Granatapfelsaft** (S. 117), scheinbar darüber im Unklaren, dass der Granatapfel ein verbreitetes antikes Todessymbol darstellt. Was sich hinter dem Bild der ablaufenden **Sanduhr** (S. 117 f.) verbirgt, ist offensichtlich. Die ausbrechende **Cholera** und der faulige **Geruch** (z. B. S. 98) sorgen ihrerseits für die ständige Präsenz von Krankheit und Tod. Selbst in den überreifen **Erdbeeren** (132 f.), auf die bereits vorher angespielt wird (S. 63), sind Hinweise auf das Ende impliziert.

Künstlertum

Vor allem ein Motiv scheint – in verschiedenen Facetten aufgegriffen – eine zentrale Funktion bei der Verknüpfung der einzelnen Handlungsepisoden sowie der Motivation des Gesamtgeschehens und seiner Einzelschritte inne zu haben: das Künstlertum.

Wie bereits in dem entsprechenden Kapitel dargestellt wurde (vgl. *Interpretationshilfe,* S. 30 f.), sind schon Beruf und Biografie Aschenbachs wesentlich dem Künstlertum verschrieben. Auch sein weiteres Auftreten, sein Benehmen, seine Gedanken und selbst die Beziehung zu Tadzio sind deutlich von Gedankenwelt und Terminologie der Kunst geprägt, so dass *Der Tod in Venedig* zu Recht und nachvollziehbar jenem literarischen Genre zugerechnet wird, welches die Literaturwissenschaft als **Künstlernovelle** beschreibt.

Gustav von Aschenbach wird dem Leser als ein renommierter, erfolgreicher und international anerkannter Künstler vorgestellt, der aufgrund seiner besonderen Herkunft und seiner spezifischen Lebensweise einige Gegensätze erfolgreich in sich zu vereinen und fruchtbar in sein Kunstschaffen zu integrieren scheint. Trotz aller heraufbeschworener und belegter Selbstsicherheit des Künstlers, allem überlieferten Lobpreis und allen gesellschaftlichen Ehren der Vergangenheit deutet sich allerdings bereits im ersten Kapitel eine akute Trübung des Verhältnisses zwischen Künstler und Kunst, zwischen Schöpfer und Schaffen an, die sich zunächst in einer Schreibblockade des erschöpften und müden Schriftstellers manifestiert. Obwohl der alternde Künstler die Angst äußert, sein Lebenswerk nicht mehr vollenden zu können, lässt er sich durch die Begegnung mit dem seltsamen Wanderer zu einer Reise inspirieren, die in ihrer Fortsetzung zu einer konsequenzenreichen Auseinandersetzung mit Kunst und Künstlertum werden soll.

Aschenbach reist nach Venedig und begegnet dort dem polnischen Jungen Tadzio, den er bei der ersten Begegnung prägnant und merklich überrascht – nahezu schockiert – als „vollkommen schön“ (S. 50) und damit in gewissem Sinne als Personifikation der Vollkommenheit schlechthin identifizieren zu dürfen glaubt. Mehrfach begibt sich der Münchner Schriftsteller in die Perspektive des bildenden Künstlers und interpretiert das

Äußere des Knaben als die Erscheinungsform eines Kunstwerks, das in seinem Inneren auf die übergeordnete, grundsätzliche Idee des Schönen verweist (S. 57). Deutlich greift Aschenbach mit diesen Gedanken auf Vorstellungen der antiken Ästhetik zurück, wobei er vor allem **Platons Theorie des Schönen** spiegelt.

Platons Kunsttheorie ist verbunden mit dessen genereller Vorstellung von den Möglichkeiten der menschlichen Erkenntnis. Er geht nämlich davon aus, dass die Gegenstände, die der Mensch mit seinen Sinnen wahrnehmen kann, lediglich Abbilder überirdischer Ideen von diesen Gegenständen sind. Allein auf der Grundlage seiner Sinne und seiner Wahrnehmung ist der Mensch dabei zunächst nicht in der Lage, die Ideen, und somit das Wesen der Dinge, zu erkennen – er bleibt auf deren irdische Abbildungen verwiesen. Eine besondere Stellung nimmt in dieser Theorie allerdings das Schöne ein. Im Gegensatz zu den anderen Ideen ist nämlich die Idee des Schönen – also das Urbild, das all seinen irdischen Abbildern die Schönheit verleiht – mit den menschlichen Sinnen wahrnehmbar. Allein durch das Medium der irdischen, erfahrbaren Schönheit ist der Mensch daher in der Lage, eine Vorstellung vom „überirdischen" Wesen der Dinge zu bekommen – und eben dies ist das Bestreben der Künstler.

Obwohl sich Aschenbach auf der Grundlage dieser Vorstellungen nun immer enger an den schönen Knaben bindet und sich immer intensiver mit ihm und seiner Erscheinungsform auseinander setzt, findet der suchende Künstler letztendlich nicht den Einblick in die Vollkommenheit, sondern den Tod. Wie kommt es dazu? Bereits in den ersten Kapiteln deutet sich an, dass Aschenbachs Dasein nicht wirklich ausgeglichen ist. Was sich allerdings zunächst harmlos als ein nachvollziehbares Missverhältnis zwischen Ruhe und Arbeitseifer anlässt, verbirgt bei genauerem Hinsehen eine viel grundsätzlichere Diskrepanz: Aschenbach unterdrückt unterbewusste Wünsche und Tendenzen, wobei er sich dabei als ein Opfer eben jener Besonderheit, die sich aus der Kombination der arbeitsamen Diensteifrigkeit seiner Vorfahren mit dem böhmischen Künstlerblut seiner Mutter ergibt, erweist. Bewusste Mäßigung, Zucht, Disziplin, Fleiß und geregelte Arbeitszeiten haben ihn diese Energien jedoch bisher überwinden lassen und stellen Aschenbach in die Nähe jener neuklassischen Kunstauffassung, die der Untergangsverfallenheit und Resignation der Décadence entgegenzutreten versucht.

Wie wenig endgültig diese Bemühungen für Aschenbach allerdings waren, zeigt der Verlauf der Novelle. Ausdrücklich bekennt sich der Schriftsteller bei seiner Begegnung mit dem Meer zu einem in ihm schlummernden „verbotenen, seiner Aufgabe gerade entgegengesetzten […] Hange zum Ungegliederten, Maßlosen" (S. 59) und gerade die wachsende Zuneigung des Künstlers zu Tadzio erweist sich als Manifestation jenes unterbewusst Unterdrückten. Immer deutlicher spiegeln Aschenbachs Gedanken und seine Handlungen jenen Widerstreit zwischen unbedingtem Streben nach Reinheit in maßvoller Form und der Auflösung formaler Grundsätze im Maßlosen und Unreflektierten.

Mann greift auf die Gegenüberstellung zweier Kunstprinzipien zurück, wie sie in den Überlegungen **Friedrich Nietzsches** zur Entstehung der Tragödie greifbar werden. Nietzsche unterscheidet dabei zwischen den Prinzipien des **Dionysischen** und des **Apollinischen**, wobei er in der Geschichte der griechischen Tragödie eine immer weitere Verschiebung zu Ungunsten des Ersteren annimmt und nachzuweisen sucht. Die Welt des Apollinischen bestimmt sich für ihn durch Schönheit, formale Regelmäßigkeit und maßvolle Begrenzung, die jedoch dem dionysischen Prinzip, dem Sprengen der Grenzen und der Auflösung der Individualität, übergestülpt wurden. Das Dionysische hat bedrohlichen Charakter, sein Ausdrucksmittel ist die unbildliche Kunst der Musik, der Rausch ist ihr deutlichstes Charakteristikum. Apollinisch ist indes die ordnende Kunst des Bildhauers, ihr charakteristischer Zustand ist nicht der Rausch, sondern der Traum.

Auch wenn sich die Namen der antiken Götter und der mit ihnen verbundenen Kunstprinzipien nicht ausdrücklich in der Novelle erwähnt finden, ist die Anlehnung an Nietzsche doch offensichtlich und in weiten Teilen des Textes präsent. Vor allem das vierte Kapitel, welches Thomas Mann selbst als ein „antikisierendes Kapitel“[5] kennzeichnet, ist aufgrund zahlreicher Formulierungen und Anspielungen (vor allem auf S. 83) dem **apollinischen Prinzip** verschrieben. Ohne Mühe lässt sich das Apollinische als das Kunstideal des neuklassischen, würdevoll-reifen Aschenbach ausmachen, dem er als Gott opfert (S. 22). Mehrfach wird auf die Reinheit der Form und seine Meisterlichkeit angespielt und noch in der Zuwendung zu Tadzio glaubt sich der Schriftsteller dem Prinzip des Maßvollen verhaftet, so dass er hofft, sich auf der Grundlage des apollinischen Formdenkens dem grundsätzlichen Schönen und Vollkommenen nähern zu können. Allein der Erzählerkommentar stellt bereits frühzeitig derartige Kompetenzen Aschenbachs in Frage und beschreibt ihn zynisch-kritisch als den unreflektierten „Enthusiasmierten“ (S. 85). Deutlich wird Aschenbachs Reaktion auf den Anblick des schönen Knaben als subjektive Spekulation ausgewiesen, wenn es heißt: Aschenbach „*glaubte* mit diesem Blick das Schöne selbst zu begreifen, die Form als Gottesgedanke, die eine und reine Vollkommenheit, die im Geiste lebt“ (S. 83 f.). Gerade die Ebene des „im Geiste leben“ erreicht Aschenbach nämlich in Wirklichkeit nicht – er verkalkuliert sich und wird Opfer von Äußerlichkeiten. Nirgends erreicht seine Beziehung zu Tadzio den Weg zum übergeordneten Ganzen über die Form, immer bleibt er auf Äußerlichkeiten verwiesen. Lächerlich wirkt der verliebte Alte, der sich in die Hände des Friseurs begibt, um – wie der Betrunkene auf dem Schiff – eine Verjüngung zu vollziehen, und gerade dieser Versuch wird zum Symbol der unüberwindbaren Grenze zwischen äußerem Anschein und Wirklichkeit: Aschenbach wird ja nicht wirklich jünger.

Auf das **dionysische Prinzip** weisen demgegenüber schon der Traum von der Urweltwildnis im ersten Kapitel und die Erwähnung des Tigers hin, der in der Antike als Attribut des Gottes Dionysos bekannt war. Noch einmal wird der Tiger erwähnt, als es nämlich um die Herkunft der Cholera aus den „Morästen des Ganges-Delta“ (S. 119) geht. Zweifellos wird hier eine literarische Verbindung zwischen der formzerstörenden, entindividualisierenden Kraft des Dionysischen und der lebensbedrohlichen Krankheit hergestellt. Auch Tadzio selbst erweist sich mehr und mehr als entgrenzend und formzersetzend. Anschaulich durchschneidet er die „Horizontale des Ufersaums“ (S. 60) und wird in seiner Bezeichnung als Abgott (S. 98) und seiner mehrfachen Verbindung mit dem ungegliederten Element des Wassers (z. B. S. 63) deutlich in den Zusammenhang mit den Eigenschaften des Dionysos gestellt. Aschenbach verfällt ihm mehr und mehr und namentlich nach dem orgiastisch-ungegliederten Traum vom fremden Gott (S. 124 f.) – mit dem freilich kein anderer als Dionysos selbst gemeint ist – ist ein Ausweg unmöglich. Aschenbach ergibt sich trunken und kraftlos (S. 127) dem „Dämon, dem es Lust ist, des Menschen Vernunft und Würde unter seinen Füßen zu treten“ (S. 102). Zu keinem Ausweg mehr fähig, erkennt er das Paradoxon des Künstlers, der auf dem Weg zum Vollkommenen unweigerlich Gefahr läuft, dem Abgrund zu verfallen, und stirbt.

Venedig

Bereits der Titel der Novelle präsentiert die Lagunenstadt als den zentralen Schauplatz der zu schildernden Begebenheiten und deutet an, welchen Stellenwert sie innerhalb der Gesamtinterpretation bekommt. Unspektakulär und eher zufällig als Reiseziel ausgewählt, wird Venedig nämlich mehr und mehr zum Symbol des Aschenbach'schen Schicksals und immer deutlicher wird der Zusammenhang von Handlungsverlauf und Kulisse.

Es ist zunächst kein gezielter Entschluss, der Aschenbach nach Venedig führt. Längst bevor sich der Schriftsteller überhaupt Gedanken über das Ziel seiner Reise macht, spürt er die „Sehnsucht ins Ferne und Neue, diese Begierde nach Befreiung" (S. 16). Völlig unreflektiert wählt er zunächst einen „Allerweltsferienplatze im liebenswürdigen Süden" (S. 18), der den Ruhebedürftigen allerdings nicht lange an sich binden kann. Vor allem das „Fremdartige und Bezuglose" suchend, macht sich Gustav von Aschenbach auf den Weg dorthin, wo man hinfährt, „wenn man über Nacht das Unvergleichliche, das märchenhaft Abweichende zu erreichen wünschte" (S. 32), also eben nach Venedig, welches ihm ironischerweise als ein „glücklich gewähltes Reiseziel" (S. 33) ausgewiesen wird. Es ist dabei vor allem ein von den äußeren Umständen beeinflusster „Zug seines Innern" (S. 31), seines Unterbewusstseins, der Aschenbach an den Lido führt.

Badende Kinder am Strand des Lido (Tommaso Filippi, um 1908)

Aschenbach fühlt sich also zu Venedig hingezogen, noch nicht ahnend, wie eng sich sein eigenes Schicksal mit den Ereignissen in dieser Stadt verbinden wird und welche Gemeinsamkeiten er mit ihr hat. Wie nämlich in Aschenbach die unterdrückten formzerstörenden Elemente ständig präsent sind, so verbirgt auch Venedig ein Geheimnis, eine Bedrohung: Rein geographisch ist die Stadt zwar Teil der klassischen – in diesem Sinne römisch-italienischen – Welt, sie fungiert aber gleichzeitig als Vorposten des Asiatisch-Fremdartigen und Unberechenbaren.

Schon bei seiner Ankunft erkennt Gustav von Aschenbach die Kirche San Marco als „Märchentempel“ (S. 39) und damit als architektonischen Verweis auf die Welt des Orients – freilich nicht ahnend, dass das byzantinische Bauwerk der Aussegnungshalle auf dem Münchner Nordfriedhof bereits eine Vorausdeutung dessen war. Auch aufgrund seiner Geschichte und seiner Kunstschätze verweist Venedig auf Byzanz und den Orient und damit auf eine fremdartige, gleichsam unklassische Welt. Vielleicht vermittelt auch das Stimmengewirr im Speisesaal des Hotels (S. 49) etwas von dem Charakter der Stadt als Einfallstor für das Fremde, zu dem Venedig trotz aller geographischen Entfernung von der Welt der Tiger – und damit des Gottes Dionysos – wird.

Eingeschleppt aus eben diesen Welten, bricht die Cholera aus. Früh bemerkt Gustav von Aschenbach den fauligen Geruch der Lagune und zieht seine Schlüsse. Doch erst, als er durch den englischen Clerk die Gewissheit bekommt, macht er die Stadt zu seiner Komplizin. Immer enger verbinden sich die Geheimnisse Aschenbachs und Venedigs. Geschützt von den verwinkelten Gassen der Stadt, gelingt die Verfolgung Tadzios – Aschenbach gibt im Gegenzug das Geheimnis der kranken Lagunenstadt nicht preis.

Über den Text hinaus dürfte auch die Nähe Aschenbachs zum dekadenten Künstlertum seiner Zeit eine Rolle bei der Auswahl des Ferienortes gespielt haben, war Venedig doch für diese ein beliebter Topos zum Ausdruck der Abneigung gegen die das Bürgertum repräsentierende Großstadt. Früh bekam die Stadt – auch wegen ihres schwindenden politischen Einflusses – den Charakter des Verfalls und des Untergangs und wurde zum Gegenstand der schwärmerischen Auseinandersetzung von todessehnsüchtigen Dekadenten. Richard Wagner schreibt in Venedig einen Teil seiner Oper *Tristan* und auch Nietzsche setzt sich mit der Stadt auseinander.

Dass sich Gustav von Aschenbach selbst in der Reihe jener Künstler sieht, die Venedig schwärmerisch bedichten, belegen seine Gedanken an den „schwermütig-enthusiastischen Dichter“ (S. 37). Gemeint ist hier **August Graf von Platen** (1796–1835), der Venedig in einem Sonett-Zyklus bedichtet hat und dessen Verse einige Zusammenhänge zu Stimmung und Inhalt des *Tod in Venedig* aufweisen. Gerade das erste Sonett des Zyklus kann hierfür als Beispiel dienen:

Mein Auge ließ das hohe Meer zurücke,
Als aus der Flut Palladios Tempel stiegen,
An deren Staffeln sich die Wellen schmiegen,
Die uns getragen ohne Falsch und Tücke.

Wir landen an, wir danken es dem Glücke,
Und die Lagune scheint zurück zu fliegen,
Der Dogen alte Säulengänge liegen
Vor uns gigantisch mit der Seufzerbrücke.

Venedigs Löwen, sonst Venedigs Wonne,
Mit ehrnen Flügeln sehen wir ihn ragen
Auf seiner kolossalischen Kolonne.

Ich steig ans Land, nicht ohne Furcht und Zagen,
Da glänzt der Markusplatz im Licht der Sonne:
Soll ich ihn wirklich zu betreten wagen?[6]

Daneben könnte Gustav von Aschenbach auch an die ersten Verse des Platen-Gedichtes *Tristan* denken, die in vorausdeutendem Zusammenhang zu Thomas Manns Novelle stehen:

Wer die Schönheit angeschaut mit Augen,
Ist dem Tode schon anheim gegeben.[7]

Zu erwähnen ist in diesem Zusammenhang auch die Tatsache, dass Thomas Mann die Stadt selbst als Urlaubsort kannte und schätzte. Seine Frau Katja berichtet von den Ereignissen während eines Venedigurlaubs, die deutliche Bezüge zur Novelle aufweisen und deren Kern als eine autobiografisch belegte Begebenheit ausweisen (vgl. *Interpretationshilfe,* S. 39 f.).

Weitere Motive

Eine Reihe weiterer Motive, die in mehr oder weniger engem Zusammenhang zu den bereits beschriebenen stehen, durchziehen die Novelle. Kompositorisch anspruchsvoll verbinden sie die einzelnen Begebenheiten und weisen den Leser auf Ausgang und Thematik der Novelle hin.

Mehrfach erwähnt und reflektiert findet sich so zum Beispiel das **Meer**. Es geht hier nicht allein darum, dass Venedig durch das Meer jenen gepflegten Badeurlaub (S. 79) ermöglicht, den der erschöpfte Aschenbach zu finden hofft, sondern vor allem um die Zugehörigkeit des Meeres zum Bereich des Fremden, Unberechenbaren und Grenzenlosen. Schon bei der Überfahrt nach Venedig erkennt Aschenbach das Meer als „leeren, […] ungegliederten Raum", in welchem dem menschlichen „Sinn auch das Maß der Zeit" abhanden kommt und er im „Ungemessenen" dämmert (S. 36). Aschenbach selbst ist sich der Anziehungskraft des ungegliederten Meeres bewusst, so sehr dies auch seiner äußeren Haltung widerspricht: „Er liebte das Meer aus tiefen Gründen: aus dem Ruheverlangen des schwer arbeitenden Künstlers, der vor der anspruchsvollen Vielgestalt der Erscheinungen an der Brust des Einfachen, Ungeheuren sich zu bergen begehrt; aus einem verbotenen, seiner Aufgabe gerade entgegengesetzten und ebendarum verführerischen Hange zum Ungegliederten, Maßlosen, Ewigen, zum Nichts." (S. 60) Dass Gustav von Aschenbach auch am Meer, wo er seine Sehnsucht ins „Verheißungsvoll-Ungeheure" (S. 139) stillen zu können glaubt, stirbt, ist freilich kein Zufall.

Nicht allein in der Schlussszene begegnet Tadzio in engem Zusammenhang mit dem Meer und dessen Symbolik. Mehrfach wird er als im Meer schwimmend (S. 63) oder am Meer spielend (S. 138) beschrieben, wie die Inkarnation eines Gottes tritt er aus dem Meer heraus (S. 56). Wieder einmal mehr spiegelt sich hierin die Zugehörigkeit Tadzios zur Welt des Ungegliederten und Entgrenzenden – eben des Dionysischen.

Über die Funktion als unscheinbare Kulisse des Geschehens hinaus bekommen auch die Bemerkungen zum **Wetter** leitmotivische und illustrierende Bedeutung. Schon in München deutet ein „falscher Hochsommer" (S. 10) an, dass irgendetwas Außergewöhnliches bevorsteht, regelmäßig unterstreicht das Wetter die Stimmung Aschenbachs (z. B. S. 36). Nachdem das drückende Klima fast Aschenbachs Abreise herbeigeführt hat (S. 55), verbindet es sich nach der metaphorischen Beschreibung des Hochsommers (S. 77 f.) immer weiter mit der sich ausbreitenden Cholera und begünstigt deren Verbreitung. Schwüle (S. 67) und bedrückende Hitze werden mehrfach erwähnt, allein die letzte Szene unterstreicht den unwirtlichen Strand, an welchem Gustav von Aschenbach sein Ende findet, durch „kältere Winde" (S. 137).

Hinweis zum Schaubild auf Seite 65:

Aschenbachs Weg ist gesäumt von Boten, die auf die Welt des Dionysischen und den Tod hinweisen. Allein Tadzio erscheint als Personifizierung des Schönen zunächst als Verweis auf die apollinische Welt, bevor er sich in die Reihe der Todesboten eingliedert.

Übersicht der wichtigsten (Leit-)Motive

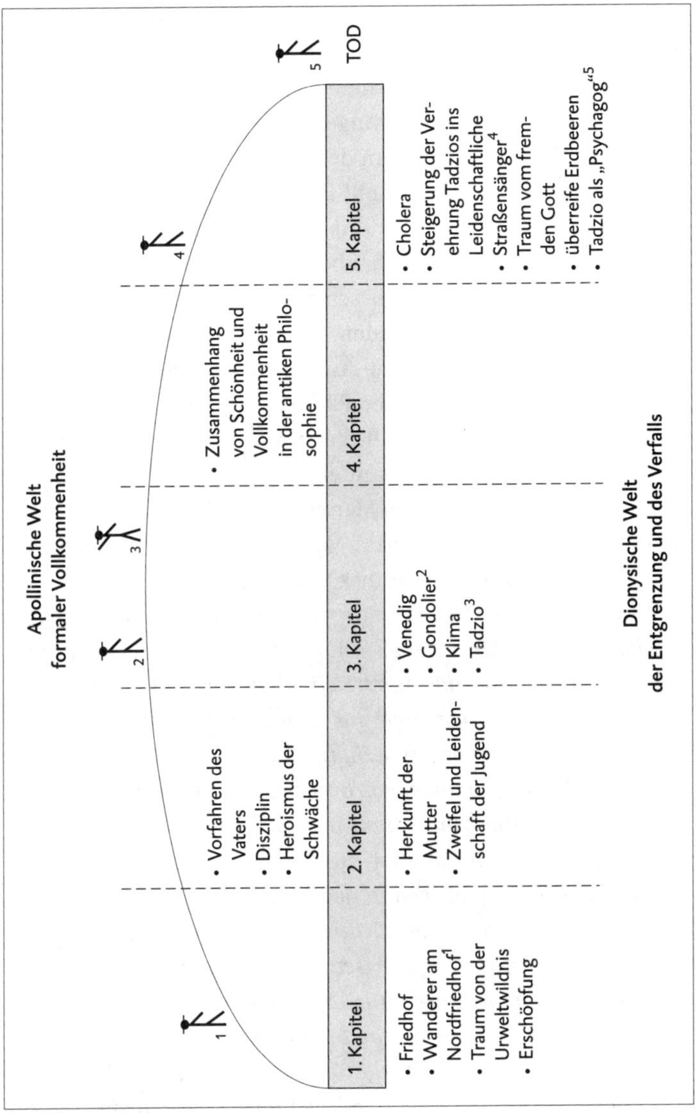

5 Interpretation ausgewählter Stellen

Gesamtproblematik der Interpretation

Die Ausführung zu den einzelnen Aspekten zeigt, wie schwer es ist, eine umfassende und stringente Gesamtinterpretation des *Tod in Venedig* zu leisten, da in der Novelle eine Fülle von Motiven, Bildern, Anspielungen und Einzelaspekten auf sehr engem Raum zu einer dichten und komplexen Einheit kombiniert sind. Über den Text als solchen, d. h. über die textimmanente Interpretation hinaus, müssen all die beschriebenen Verweise auf Außenstehendes berücksichtigt werden. Die aufgezeigten Parallelen zu Goethe, zu Gustav Mahler, die Auseinandersetzung mit der Musik Richard Wagners, mit der Philosophie Nietzsches und der Dichtung der Décadence – all dies muss in eine Interpretation mit einfließen, will sie auch nur einigermaßen angemessen sein. Selbst die Biografie Thomas Manns darf nicht unberücksichtigt bleiben. Eine nachvollziehbare Vorstellung des Leitgedankens, der Kernthematik liefert Thomas Mann selbst:

> *Wieder war mein Thema der verwüstende Einbruch der Leidenschaft, die Zerstörung eines geformten, scheinbar endgültig gemeisterten Lebens, das durch den „fremden Gott", durch Eros-Dionysos entwürdigt und ins Absurde gestoßen wird. Der Künstler, dem Sinnlichen verhaftet, kann nicht wirklich würdig werden: Diese Grundtendenz bitter melancholischer Skepsis gegen alles Künstlertum kommt in dem (Platons Dialogen nachgeformten) Bekenntnis zum Ausdruck, das ich dem schon vom Tode gezeichneten Helden in den Mund legte. Dies ist eine sonderbare moralische Selbstzüchtigung, durch ein Buch, das selbst mit absichtlicher Ironie, in seinem Vortrag, seiner Prosa jene Würden- und Meisterhaltung zur Schau trägt, die darin als Lüge und Narrentum gebrandmarkt wird. Die melancholisch-skeptische Kritik am Künstlertum überhaupt unter dem moralischen und menschlichen Gesichtspunkt […] wird im „Tod in*

> *Venedig" auf einen Höhepunkt getrieben; und zugleich werden die pädagogischen Ansprüche gegeißelt, die sich etwa ins Künstler-Selbstgefühl einschleichen sollten.*[8]

Um trotz aller Schwierigkeiten einen Eindruck von einer exakten Interpretation einzelner Textstellen zu vermitteln, werden im Folgenden drei zentrale Szenen der Novelle interpretiert. Die Deutung beschränkt sich – so weit als möglich – auf den Text selbst, weiterführende Aspekte, die nur durch intensive Recherche in der Sekundärliteratur aufgedeckt werden können, sind weitestgehend vernachlässigt. Erklärtes Ziel dieser Beispielinterpretationen ist eine möglichst große Nähe zur schulischen Praxis, zur Situation von Überprüfungen und Kursarbeiten.

Der „falsche" Jüngling (S. 34–41)

Aschenbach begegnet dieser schrill-auffälligen Figur bei seiner Überfahrt von der istrischen Küste nach Venedig zu Beginn des dritten Kapitels in drei kurzen Szenen. Sie scheint zunächst nur ein unangenehmes, aber episodenhaftes Detail der umständlichen Reise nach Venedig, entlarvt sich aber bei genauerem Hinsehen als vielschichtiges und komplexes Element der Gesamtmotivik der Novelle und als Vorwegnahme von Aschenbachs eigener Entwicklung.

Der reisende Schriftsteller entdeckt die Person in einer Gruppe junger Polenser – also Einwohnern der Stadt Pola –, die sich insgesamt sehr lautstark und auffällig verhält. Von Beginn an bewertet er den Alten abfällig und negativ, zu durchschaubar scheint ihm dessen aufgesetzte „übermodische" und „kühne" Jugend. Obwohl Aschenbach mit dem Antritt der Reise die ersten Schritte auf dem Weg seines eigenen Untergangs und Verfalls bereits unternommen hat, ist er in dieser Szene offenbar noch in der Lage, Schein und Wirklichkeit zu trennen und ihre Verwischung zu beanstanden. Noch steht er der rauschhaften

Welt der dionysischen Entgrenzung deutlich ablehnend gegenüber, noch besitzt er die Fähigkeit zur kritischen Reflexion seiner Erfahrungswelt, noch urteilt er mit den Kriterien seiner an der bürgerlichen Wert- und Moralvorstellung orientierten Einstellung. Namentlich die auffällige Betrunkenheit des Alten wird dabei zum Zeichen dafür, wie wenig die äußerlichen Manipulationen einen Menschen in Wirklichkeit verändern können. Trotz aller Mühe und Perfektion der Tarnung kann der Alte nicht wirklich mit seinen jungen Kameraden Schritt halten. Der Alkohol enttarnt seine Falschheit gnadenlos und offensichtlich.

Erst der weitere Verlauf der Novelle wird zeigen, wie unsicher auch Aschenbach in der Differenzierung von Schein und Wirklichkeit wird, wobei gerade sein eigener Verjüngungsversuch im letzten Kapitel in direktem Kontrast zu seiner Beurteilung des falschen Jünglings steht. Aschenbach wird durch die Begegnung mit Tadzio und den damit verbundenen Ereignissen immer weiter in eine rauschhafte, trügerische Welt verstrickt. Auch er versucht sich schließlich, durch die Veränderung seines Äußeren, zu verjüngen. Auch er missachtet die unüberbrückbare Divergenz von Wirklichkeit und Anschein. Aschenbach ist im fünften Kapitel eben nicht mehr in der Lage, sein Verhalten zu reflektieren. Wie der falsche Jüngling auf dem Schiff betrügt er sich und die anderen, ohne zu merken, wie durchschaubar seine Tarnung ist, wie anfällig der Betrug für die Wirklichkeit wird und wie lächerlich die Maskerade auf den Beobachter wirkt. Der Leser kann sich im letzten Kapitel Aschenbachs Beurteilung des falschen Jünglings annehmen und sie auf den geschminkten, frisierten Schriftsteller übertragen – Aschenbach disqualifiziert sich und seine weitere Entwicklung im dritten Kapitel gleichsam selbst. Seine Würde verfällt damit nicht nur in den Augen der Außenstehenden, sondern auch aus der Sicht seiner eigenen, früheren Kriterien.

Zahlreiche Attribute reihen den falschen Jüngling darüber hinaus in den Verweisungszusammenhang des Gesamttextes ein.

So sind zum Beispiel die Spezifika seiner Bekleidung und seines Aussehens deutliche Anspielungen auf andere Figuren der Novelle, die insgesamt als Boten des Todes und des Untergangs gedeutet werden können. Wie der Wanderer am Nordfriedhof oder der unheimliche Gondolier trägt der Alte gelbe Kleidung, sein breitrandiger Panama erinnert an deren Kopfbedeckung. Aschenbach selbst wird später eine rote Krawatte tragen (S. 131), die – eingesetzt als Symbol des Erotischen – schon den betrunkenen Alten schmückt. Entlarvend sind auch dessen weitere Charakteristika: Unbedingt wird er gerade durch die Vertuschung seines Alters und seines körperlichen Verfalls in die komplexe Todessymbolik der Gesamtnovelle eingereiht. Seine Perücke, sein verfallener, sehniger Hals, der gefärbte Schnurrbart und das lose Gebiss sind weitere Signale für diesen Zusammenhang – auch hier mögen die gelben Zähne als Andeutung eines Totenschädels gedeutet werden. Die Worte, die der Alte schließlich an Aschenbach richtet, sprechen nahezu für sich: Eindeutig weisen seine Komplimente an das vermeintliche Liebchen auf Aschenbachs Begegnung mit Tadzio und damit auf dessen weiteres Schicksal voraus, einmal mehr darauf anspielend, wie widerlich und fremd eine derartige Andeutung auf Aschenbach hier noch wirkt.

Wie viele andere Szenen der Novelle erscheint also auch die kurze Episode der Begegnung Aschenbachs mit dem falschen Jüngling als Vorausdeutung auf Späteres und als Detail des umfassenden Motivzusammenhangs. Deutlich und nachvollziehbar lässt sich hieran zeigen, wie dicht die Novelle komponiert ist und wie zahlreich die Implikationen der Gesamtthematik in einzelnen Szenen erscheinen.

Der Traum vom fremden Gott (S. 124–127)

Der „Traum vom fremden Gott" im fünften Kapitel der Novelle ist in verschiedener Hinsicht für deren Gesamtzusammenhang von Bedeutung. Zum einen finden sich hierin die wesentlichen

Motive der vorausgegangenen Handlung aufgegriffen und zu einem entlarvenden Gesamtbild kombiniert, zum anderen stellt dieser Traum einen wichtigen Wendepunkt in der Entwicklung des Hauptprotagonisten – Gustav von Aschenbach – dar.

Aschenbach hat aufgrund seines Gesprächs im Reisebüro inzwischen die endgültige Gewissheit über das Wüten der gefährlichen Cholera in Venedig. Allen Geboten einer vernünftigen Sittlichkeit und Moral trotzend, warnt er die polnische Familie nicht vor der tödlichen Gefahr, bewusst unterlässt er diese letztmögliche „reinigende Handlung“ (S. 123). Aschenbach fühlt sich eng verbunden mit der Stadt und ist weit davon entfernt, deren Geheimnis zu verraten, auch will er keinesfalls in seine durch „Besonnenheit, Nüchternheit, Mühsal und Meisterschaft“ (S. 124) charakterisierte Heimatstadt zurückkehren. Die bevorstehende Situation des Chaos und der Mitwisserschaft scheint ihm so verlockend, dass allein der Gedanke daran ihn berauscht wie „geringe Mengen Weines ein müdes Hirn berauschen“ (S. 124). Aschenbach ist bereits weit davon entfernt, Zucht, Disziplin und Mäßigung walten zu lassen, ideal scheint der Zustand für das Hereinbrechen des seltsamen Traumes.

Aschenbachs Seele selbst wird zu dessen Schauplatz und etabliert sich damit eindeutig als der Ort des Unterbewusstseins, dem die mäßigenden und formenden Bemühungen des Geistes und der Kultur widerständisch entgegengetreten sind, bevor sie nun chancenlos „verheert“ und „vernichtet“ werden. Allein die Angst scheint eine letzte – auch intuitive – Barriere gegen das Hereinbrechende, begleitet von Lust und Neugier wird aber auch diese entmachtet.

Die Traumszenerie selbst wird als eine ins Äußerste getriebene, kaum steigerbare orgiastische Ekstase beschrieben, in deren hemmungslosem Taumel alle Grenzen der Zucht, des Maßvollen, des Anständigen, aber auch alles Individuellen durchbrochen und aufgehoben werden. Umfassend beansprucht der Traum den

Träumenden und wird ihm zum „körperhaft-geistige[n] Erlebnis“ (S. 124), dessen Eindruck sich auf verschiedenen Ebenen der sinnlichen Wahrnehmung vermittelt. Dominant sind dabei vor allem die akustischen Begleiterscheinungen der Szene. Schmetternde Instrumente, Rasseln, eherne Becken und wütend geschlagene Pauken unterlegen das Geschehen mit einem rhythmischen, undefinierbaren Lärm, der von „tief girrendem, ruchlos beharrlichem Flötenspiel“ (S. 125) begleitet wird. Mehrfach signalisiert die Beharrlichkeit dieses Spiels, wie vereinnahmend und unumgehbar die Musik auf den Schriftsteller wirkt, der – nach anfänglichem Sträuben – „zum Fest und Unmaß des äußersten Opfers“ (S. 126) angelockt wird. Von derartigem Lärmen begleitet, heult die wild tanzende Gruppe gezogene u-Laute, verbunden mit weichen Mitlauten, und erinnert mit ihrer unheimlichen Losung eindeutig an die Szene, in welcher Aschenbach zum ersten Mal den Namen Tadzios hört (S. 61). Auch der Paukenrhythmus mag eine Anspielung auf eine frühere Begegnung zwischen dem Schriftsteller, dem das Herz wie ein Hammer schlägt, und dem Knaben sein (S. 88 f.). Endgültig wird Tadzio als Teil der maßlosen und ungeformten Welt enttarnt.

Die Eindrücke des Traumes sind nun nicht allein akustischer Art. Gustav von Aschenbach erkennt eine Landschaft, die der Umgebung seines Sommerurlaubsortes ähnelt. Berge und Gebirge fungieren als symbolische Andeutungen von Entgrenzungen, Geheimnisvollem und Fremdem und bilden damit die angemessene Kulisse des Geschehens. Die Szene – nachdem sie sich bereits durch Geräusche angekündigt hat – überwältigt den berauschten Schriftsteller, der zunächst als entfernter, außenstehender Beobachter nur einen allmählichen Eindruck vom Ausmaß des Auflaufs bekommt. Nacheinander erkennt er „Menschen, Tiere, ein[en] Schwarm, eine tobende Rotte“ (S. 125). Weitere Details in Aussehen und Verhalten der Figuren eröffnen sich ihm, immer wieder Fremdartigkeit, Unheimlichkeit und

Zügellosigkeit signalisierend. Ohne jegliche Individualität scheinen die Auftretenden vermischt zu einem Haufen, einer „Halde, überschwemmt mit Leibern“ (S. 125). Selbst Aschenbachs Geruchssinn scheint an dem eindrucksvollen Traum beteiligt, wenn es heißt: „Dünste bedrängen den Sinn, der beizende Rauch der Böcke, Witterung keuchender Leiber und ein Hauch wie von faulenden Wassern, dazu ein anderer noch, vertraut: nach Wunden und umlaufender Krankheit.“ (S. 126 f.) Dass gerade mit den beiden letzten Gerüchen auf die Situation in Venedig angespielt wird, ist offensichtlich.

In dieser ganzen Erscheinung nun, jenem rauschhaft orgiastischen, der verlockenden Musik, der Entgrenzung und Konturlosigkeit wie auch der sexuellen Hemmungslosigkeit huldigenden Treiben werden zentrale Motive aufgegriffen, die sich ahnungsvoll durch die gesamte Novelle hindurchziehen und die dem rationalen, maßvoll Begrenzten entgegenstehen, ihm entgegenwirken. Der Traum vom fremden Gott kombiniert diese Motive eindeutig und endgültig miteinander und ordnet sie dem Hofstaat des – im Phallus symbolisierten – fremden Gottes zu, mit dem freilich kein anderer als Dionysos selbst gemeint ist. Rausch, Ekstase, Fremdartigkeit, Entgrenzung und Formzersetzung sind dessen Charakteristika, anschaulich werden sie in der Traumszenerie präsentiert.

Ausweglos angelockt und umfassend vereinnahmt, ergreifen die Eindrücke Besitz von Aschenbach, dessen Widerstandskraft nach und nach versiegt. Immer weiter wird er in das zügellos-ungegliederte Geschehen involviert, bis er spürt: „Aber mit ihnen, in ihnen war der Träumende nun und dem fremden Gotte gehörig. Ja, sie waren er selbst, als sie reißend und mordend sich auf die Tiere hinwarfen und dampfende Fetzen verschlangen, als auf zerwühlendem Moosgrund grenzenlose Vermischung begann, dem Gotte zum Opfer.“ (S. 127) Aschenbach ist nach diesem Traum vollends dem Untergang verschrieben, endgültig ist sein Streben nach Disziplin und Ordnung gebrochen, gesellschaftliche Konventionen interessieren ihn nicht weiter und „er scheute nicht mehr die beobachtenden Blicke der Menschen“ (S. 127).

Kunstvoll versteht es Thomas Mann, dem Leser einen Eindruck von der Wirkung des Traumes auf Aschenbach zu vermitteln. Gezielter Einsatz sprachlicher Mittel, meisterhaft geformte Satzrhythmen und der Rückgriff auf ausgesuchte Wortfelder vermögen die Szene anschaulich widerzugeben. Zunächst verdeutlichen Dichotomien wie „Angst“ und „Lust“, „süß“ und „wild“, aber auch Oxymora wie „entsetzte Neugier“ oder „grauenhaft süß“ Aschenbachs Zwiespalt zwischen Widerstreben und Hingezogensein. Der Rhythmus der Sätze gibt einen Eindruck von der Musikalität der Szene, die Alliterationen verstärken die Wirkung ihrerseits. Auch die Wortwahl unterstützt den Eindruck, Partiziphäufungen deuten Gedrängtheit und Dichte an, Begriffe aus dem Umfeld des Entgrenzten untermalen das Dionysische.

Aschenbach an der Zisterne (S. 131–136)

Während der Verfolgung Tadzios und seiner Familie gelangt Gustav von Aschenbach kurz vor seinem Tod noch einmal an einen jener Plätze innerhalb Venedigs, die bereits die Kulisse für seinen Entschluss zur Abreise (S. 61) bildeten. Er stillt seinen Durst mit überreifen Erdbeeren und rekapituliert die Möglichkeiten des Künstlertums vor dem Hintergrund seiner eigenen Entwicklung, wobei ihm der Weg des Dichters zur Vollkommenheit notwendig in den Abgrund zu führen scheint.

Aschenbachs Lage hat sich inzwischen ins Extreme gesteigert. Spätestens seit dem Traum vom fremden Gott erscheint seine Situation als völlig ausweglos, er hat nun keinerlei Hemmungen mehr, die Veränderungen seiner Lebensweise – den Verfall seiner Würde – auch nach außen zu präsentieren. Die künstliche Verjüngung durch den Coiffeur belegt dies anschaulich, wobei die Parallelen zu Aussehen und Auftreten des lächerlichen Betrunkenen auf dem Schiff der Hinreise mehr als deutlich sind.

Mit „lauwarmem Sturmwind“ (S. 131) beginnt der neue Textabschnitt, womit er sich merklich in einen Kontrast zu den bunten, nahezu leichten Worten des Endes der Coiffeurszene stellt. Die Luft wird als „feucht“ und „dick“ (S. 131) beschrieben, und der Leser weiß längst, wie sehr ein solches Klima Aschenbach zu Schaffen macht. Wieder einmal vermischt sich die Beschreibung des Wetters mit der warnenden Erinnerung an die kursierende Seuche. Die Wirkung der Schwüle auf den anfälligen Schriftsteller lässt nicht lange auf sich warten. Eben noch durch seine vermeintliche Verjüngung „traumglücklich“ und „berückt“, beginnt er unter der Schminke zu fiebern – deutlich wird seine Verjüngung als Fassade entlarvt. Die Anspielung auf die Harpyen und der Hinweis auf die vergifteten Speisen ergänzen die klimatische Unwirtlichkeit und geben der Szene einen bedrohlichen Charakter. Alarmiert erwartet der Leser das Folgende.

Zunächst geschieht allerdings nichts Außergewöhnliches, Begonnenes wird fortgeführt und Aschenbach verfolgt die polnische Familie – wie in einigen früheren Szenen – während eines Spazierganges durch Venedig. Tadzio selbst wird dabei als Personifizierung des „Schönen“ (S. 131) angesprochen, so dass seine Bedeutung für Aschenbach und sein Künstlertum noch einmal präsent wird. Wie bereits in der Szene auf der Hotelterrasse (S. 110) scheinen die beiden Protagonisten während der Spaziergänge durch die Stadt wortlos miteinander in Kontakt zu treten. Von Tadzio wird berichtet, dass er zuweilen seinen Kopf wendet, „um sich über die Schulter hinweg der Gefolgschaft seines Liebhabers mit einem Blick seiner eigentümlich dämmergrauen Augen zu versichern“ (S. 132). Eben dieses Verhalten bedeutet für Aschenbach wohl eine Art aktiver Erwiderung seiner Gefühle und einen Anteil an einem gemeinsamen Geheimnis, „er sah ihn und er verriet ihn nicht“ (S. 32). Erneut erliegt der Schriftsteller einem extremen, unausweichlichen Gefühl des Hingezogenseins zu dem Knaben. Formulierungen wie „berauscht", „vorwärts gelockt" und die Beschreibung von „Passion" und „unziemlicher Hoffnung" belegen dies auch sprachlich.

Auch in dieser Szene wird Venedig zur anschaulichen und passenden Kulisse des Geschehens. Labyrinthartig scheinen die Straßen, in denen der völlig orientierungslose Aschenbach sich verläuft, nachdem er die Gruppe um Tadzio aus den Augen verloren hat – symbolische Parallelen zu Aschenbachs Lebensweg sind dabei offensichtlich. Selbst die Beschreibungen der unbemerkt entstandenen Erschöpfung erinnert an die Schreibblockade und deren Begleitumstände aus dem 1. Kapitel.

Von unerträglichem Durst gepeinigt, kauft Aschenbach in einem kleinen Gemüseladen einige überreife Erdbeeren und verzehrt sie unüberlegt. Allein der Leser ahnt – von den warnenden Worten des Erzählers vorbereitet – die Konsequenzen. Die Erdbeeren selbst – beschrieben als „überreife und weiche Ware" (S. 133) – werden dabei zu einem Symbol der dionysischen Welt der Auflösung der Form, der Entgrenzung, der Zerstörung und des Verfalls. Mit ihrem Genuss ist ein weiterer Schritt auf dem unaufhaltsamen Weg des Aschenbach'schen Untergangs getan: auch sein körperlicher Verfall ist damit eingeleitet.

Bevor sich Aschenbach aber endgültig dem sich immer weiter zuspitzenden Lauf der Dinge ergeben muss, erfolgt eine erneute Auseinandersetzung mit seinem Künstlertum. Zunächst tritt der Erzähler in eine deutlich distanzierte Perspektive und spricht (S. 133) den Schriftsteller wiederholt mit einem hinweisenden „er" an. Nacheinander rekapituliert er die wichtigsten Stationen seiner Künstlerbiografie, wie sie im 2. Kapitel beschrieben ist. Aschenbachs Meisterlichkeit wird ebenso erwähnt wie die formale Vorbildlichkeit seiner Werke, sein Erfolg beim Publikum und der Stellenwert seiner Literatur in der Schulbildung. Was jedoch im 2. Kapitel wie eine Huldigung an einen vorbildlichen

Künstler erscheint, wird hier als eine distanzierte, fast vorwurfsvolle Beschreibung des an der Zisterne sitzenden Schriftstellers formuliert. Ebenso großartig wie die Meisterlichkeit und Klassizität Aschenbachs im 2. Kapitel erscheinen, so tief scheint er am Ende des 5. Kapitels gesunken. Eben in der erneuten Aufzählung seiner Erfolge drückt sich anschaulich die Dimension des Verfalls aus – Aschenbach ist in dieser Szene an einem persönlichen Tiefpunkt angelangt, der Erzähler führt ihn vor.

Die Perspektive wechselt; in einem inneren Monolog (eigentlich einem Dialog) nimmt Aschenbach nun selbst Stellung zu seinem Lebensweg und seinem Künstlertum. Wie bereits zu Beginn des 4. Kapitels (S. 85 f.) bedient er sich dabei der Folie der Sokratischen Dialoge. Wieder geht es vor dem Hintergrund der platonischen Erkenntnislehre um die Möglichkeiten des Künstlers, das Vollkommene zu erkennen. Seine eigene Entwicklung berücksichtigend, beschäftigt sich Aschenbach mit den Möglichkeiten des Künstlers, „zum Geiste", zur „Weisheit" und zu „wahre[r] Manneswürde" (S. 134) zu gelangen. Für den Dichter führt dieser Weg über die „Schönheit", da nur diese „göttlich und sichtbar zugleich" (S. 134) – also ebenso ein Teil der Welt der Ideen wie ihrer sinnlich wahrnehmbaren Abbilder – ist. Unvermeidlich führt der Kontakt mit dieser Schönheit den Dichter allerdings zum Abgrund, zu sehr wird er nämlich von der Leidenschaft beeinflusst. Mit der Anspielung auf „Einfachheit, Größe und neue Strenge" (S. 135) greift Aschenbach sein eigenes klassizistisches Ideal von Schönheit, seine eigene Ästhetik auf, um auch hierin die ausweglose Verbindung des dichterischen Strebens mit dem Abgrund nachzuweisen.

Aschenbach erkennt in dieser Szene die Absurdität aller dichterischen Bemühungen und damit seiner eigenen Bestrebungen. Genau das, was ihn aufgrund seiner Herkunft zu einem besonderen Dichter machte, was sich durch seine Biografie zog, musste sich irgendwann in unabwendbarer Notwendigkeit äußern.

Die Wirkungsgeschichte der Novelle

Die **zeitgenössische Kritik** nimmt das Werk im Großen und Ganzen sehr positiv, vereinzelt sogar enthusiastisch auf. Nur fünf von vierzig bekannt gewordenen Rezensionen äußern sich dabei mehr oder weniger ablehnend[9], wobei vor allem Thomas Manns Kompositions- und Stilkunst mehrfach als vorbildlich und bemerkenswert gelobt wird – die Novelle gilt als Meisterwerk. Selbst der eher kritische Rezensent Carl Busse merkt an: „[...] man liest Seiten, die allerdings den Anspruch erheben können, zur besten deutschen Prosa der Gegenwart zu gehören, und man wird mit meisterhaftem Bedacht auf das Ende vorbereitet."[10] Auch der Umgang mit den zu damaliger Zeit sehr gewagten Themen der Homoerotik und der Knabenliebe wurde als literarisch angemessen bewertet. Busse schreibt dazu: „Ohne Zweifel wird man das Thema peinlich finden, aber man muss bekennen, dass es mit vorbildlicher Zartheit behandelt wird. Im bürgerlich-moralischen Sinne bleibt der Held völlig ‚korrekt'; er nähert sich dem schönen Knaben überhaupt nicht [...]."

Formale und psychologische Feinheiten der Novelle werden zwar auch in der negativen Kritik weitestgehend positiv bewertet, aufschlussreich sind aber deren inhaltliche Ansatzpunkte. So wirft man dem *Tod in Venedig* zum Beispiel mehrfach vor, er sei der Versuch Thomas Manns, seine Einstellungen als Künstler vor sich selbst und seinem Publikum zu rechtfertigen. „Er verteidigt sich nicht nur gegen das, was man wider ihn gesagt hat, sondern noch mehr gegen alles, was man wider ihn sagen könnte"[11], heißt es dort beispielsweise. Der Kritiker Richard Zimmermann schreibt in diesem Zusammenhang: „Man wird die Novelle wohl allgemein als Selbstschilderung auffassen, wobei natürlich das

Gerüst der eigentlichen Handlung zu entfernen ist."[12] Selbst politische Einstellungen können als Hintergründe kritischer Anmerkungen ausgemacht werden, wenn Aschenbach zum Beispiel vorgeworfen wird, dass er keine deutsche Mutter und damit keine „Wurzeln im deutschen Wesen"[13] gehabt habe. Auch die Behauptung, dass Aschenbachs Vorstellung von Heldentum und Kunst keinesfalls gesellschaftliche Tendenzen des damaligen Deutschland widerspiegele, ist eine Grundlage der Kritik.

Bereits Mitte der 20er-Jahre beginnt die **Deutungsgeschichte** des *Tod in Venedig*, die sich inzwischen in eine umfassende und kaum überschaubare Anzahl von Aufsätzen und Einzelwerken ausgeweitet hat und die aus einer Reihe von Deutungsansätzen und -richtungen besteht. Geistesgeschichtliche Einordnungsversuche, Untersuchungen zu Form und Stil oder Auseinandersetzungen mit den mythologischen und philosophischen Anspielungen des Werkes finden sich dabei ebenso wie Untersuchungen zu Komposition, Motivik und Symbolik der Novelle.

Auch auf psychoanalytischer Basis wurden Interpretationen vorgenommen, vor allem die Themen Tod und Homosexualität wurden Gegenstand solcher Betrachtungen. Eine Thematisierung des gesellschaftlichen Verfalls innerhalb des wilhelminischen Deutschlands unmittelbar vor dem Ersten Weltkrieg sah die sozialgeschichtlich orientierte Literaturwissenschaft im *Tod in Venedig*. So bemerkt der Literaturwissenschaftler Georg Lukács: „Thomas Mann tritt hier das Erbe der Gesellschaftskritik Theodor Fontanes an, er erweitert sie jedoch zur Kritik der inneren Verpreußung der ganzen deutschen Intelligenz."[14] Auch die Entstehungsgeschichte und die autobiografischen Bezüge der Novelle wurden Gegenstände wissenschaftlicher Auseinandersetzung.

Erwähnenswert im Zusammenhang der Wirkungsgeschichte sind die **Adaptionen und Verarbeitungen der Novelle** in einem Roman und in einigen anderen Kunstformen. „Die Zeitungen meldeten noch am Abend Judejahns Tod, der durch die

Umstände eine Weltnachricht geworden war, die aber niemand erschütterte." – So lautet der letzte Satz von **Wolfgang Koeppens Roman** *Der Tod in Rom* von 1954, der einige offensichtliche Anspielungen auf Thomas Manns Novelle enthält. Koeppen beschäftigt sich in diesem Roman allerdings nicht mit dem Verfall einer Künstlerwürde, sondern rechnet anhand der Figur eines ehemaligen SS-Generals und Kriegsverbrechers mit dem „Mythos" des Nationalsozialismus ab. Die ironischen Anspielungen auf den *Tod in Venedig* sollen dabei die Kritik unterstützen.

Weitere wichtige Stationen der Wirkungsgeschichte der Novelle sind die **Verfilmung** des Stoffes durch **Luchino Visconti** 1970 und **Benjamin Britens Oper** *Death in Venice* aus dem Jahr 1973, wobei vor allem die Verfilmung eine ebenso interessante wie kritisierbare Bearbeitung der Novelle darstellt.

Visconti bezieht – Thomas Manns Gesamtwerk als Ganzes vor Augen – Elemente aus dem *Doktor Faustus* mit in den Film ein und vermischt die Hauptfiguren der beiden Werke. Wie Adrian Leverkühn, der Protagonist des *Faustus,* ist Aschenbach im Film Musiker, nicht Schriftsteller. Auch scheint der Film-Aschenbach mit seiner Kunst weniger erfolgreich als der zu Ruhm und Anerkennung gereifte Aschenbach der Novelle. Weitere Divergenzen ergeben sich vor allem aus der nahezu unmöglichen Übertragbarkeit einiger erzählerischer Elemente in das Medium Film. Die Ironie des Erzählers fehlt daher ebenso wie seine distanzierend-zynischen Kommentierungen von Aschenbachs Verhalten, womit dem Film ein wesentliches Merkmal der Novelle völlig abgeht. Auch die Schilderungen von Aschenbachs innerer Haltung und deren Entwicklung können nur schwer in den Film übertragen werden, selbst wenn Visconti dies durch den Einsatz der Musik Gustav Mahlers zu kompensieren versucht. Man darf den Film bei aller Kritik natürlich nicht als detailgetreue Umsetzung der literarischen Vorlage verstehen, so dass er – als eigenständiges Kunstwerk betrachtet – auf jeden Fall als sehenswert erscheint.

Kleines Glossar

Achelos: Flussgott in Mittelgriechenland; Vater der Sirenen

Aides: alte Schreibung für Hades, den griechischen Gott der Unterwelt

Aphrodite: griechische Göttin der Liebe

apokalyptische Tiere: Begleiter und Symbole der anbrechenden Endzeit im Neuen Testament (Offenbarung des Johannes)

Apotheose: Verklärung, Vergöttlichung

Bonnen: veraltete Bezeichnung für Kindermädchen

Buffo: Sänger komischer Rollen

Dionysos: Griechischer Gott des Weines, des Rausches und der Fruchtbarkeit. Dionysos soll aus Kleinasien oder Thrakien mit seinem orgiastischen Kult nach Griechenland gelangt sein und eine beachtliche Wirkung auf die Frauen ausgeübt haben. Als Mänaden („Rasende") oder Bacchantinnen feierten sie ihren Gott, den „Brauser und Löser … Nachtschwärmer, den Vater des Jubels, den Jauchzer und Johler" (Ovid, *Metamorphosen* IV, 11–15). Heitere Umzüge, Wechselgesänge und Verkleidungen sind für die ekstatischen dionysischen Feste ebenso typisch wie das Laute, Schrille und Wahnsinnige.[15]

Dornauszieher: Antike Skulptur, die einen sitzenden Knaben darstellt, welcher sich einen Dorn aus dem Fuß zieht. Der Dornauszieher gilt als Verkörperung der Schönheit, die sich ihrer selbst nicht bewusst ist (vgl. *Interpretationshilfe,* S. 16).

Elysion: Im Gegensatz zum Hades ist das Elysion das paradiesische Reich, in welches die Seligen nach ihrem Tod entrückt werden, wenn sie ein gottgefälliges Leben geführt haben.

Eos: Göttin der Morgenröte, Mutter der Winde und der Sterne

Epopöe: veraltete Bezeichnung für Epos als erzählende Versdichtung, Heldengedicht

Eros: Griechischer Gott der Liebe, der nach Hesiod aus dem Chaos hervorgegangen ist und der Göttern und Menschen den

Verstand raubte. Bei Plato ist Eros zudem die Verkörperung des menschlichen Strebens nach dem vollkommen Schönen.

Ganymed: Mundschenk der griechischen Götter, der aufgrund seiner Schönheit von Zeus in der Gestalt eines Adlers auf den Olymp entführt wurde.

Harpyen: Vogelartige Gestalten mit Mädchenköpfen aus der griechischen Mythologie, denen als Sturmdämonen verschiedene Eigenschaften – z. B. der Raub der Seelen von Verstorbenen – zugeschrieben werden.

Helios: Griechischer Sonnengott, der – angekündigt von der Morgenröte Eos – täglich seinen Sonnenwagen über den Himmel lenkt und dabei alles sieht, was sich auf der Erde abspielt.

Hermaphroditos: Zwitterwesen, das aus der Verschmelzung der Quellnymphe Salmakis mit dem wunderschönen Sohn von Hermes und Aphrodite hervorgegangen ist.

Hermes: Wendiger und verschlagener griechischer Gott, Sohn des Zeus und der Pleiade. Hermes galt als Gott der Diebe, Händler und der Wanderer. Als Götterbote hatte er die Aufgabe, Aufträge zu überbringen und die Seelen der Toten in die Unterwelt zu geleiten. (siehe *Interpretationshilfe*, S. 52)

Hyakinthos: Geliebter des Apollon, den dieser beim Diskuswerfen unbeabsichtigt tötete. Die Beziehung der beiden gehört in den Zusammenhang des Motivs der Knabenliebe.

Karmesin: roter Farbstoff

Kritobulos: Figur aus den *Memorabilien des Sokrates* von Xenophon (ca. 430–350 v. Chr.). Thomas Mann spielt auf eine Textstelle dieses Werkes an, in welcher Sokrates den Xenophon vor den Gefahren der Schönheit warnt. Kritobulos, der den Sohn des Alkibiades geküsst hat, rät er in diesem Zusammenhang, ein Jahr auf Reisen zu gehen, um die Wunde des Kusses zu heilen.

motus animi continuus: „beständige Bewegung des Geistes". Das Zitat schreibt Thomas Mann fälschlicherweise Cicero zu.

Narziss: Schöner Jüngling, der spröde die Liebe zurückweist und sich schließlich – von einem Liebhaber verwünscht – in sein eigenes Spiegelbild verliebt, das er in einer Quelle entdeckt. Narziß stirbt an der Aussichtslosigkeit seines Verlangens.

Okeanos: Griechischer Gott des Stromes, der die Erdscheibe umfließt.

Pan: Sohn des Hermes mit einer Nymphe. Galt als Fruchtbarkeitsgott, der ständig hinter hübschen Mädchen und Jungen her war.

Phäake: Sorgenfreie Bewohner der Insel Scheira, von denen Odysseus nach seinem Schiffbruch aufgenommen und in seine Heimat gebracht wurde.[16]

Phaidros: Gesprächspartner des Sokrates im gleichnamigen Dialog Platons

pokulieren: zechen, stark trinken

Psychagog: Beiname des Gottes Hermes in dessen Funktion als Seelengeleiter ins Totenreich

Sebastian: Christlicher Märtyrer, der als römischer Soldat von Bogenschützen hingerichtet wurde. (siehe *Interpretationshilfe*, S. 35)

Semele: Sterbliche Mutter des Dionysos, die beim Anblick der Göttlichkeit ihres Geliebten Zeus verbrannte, bevor ihr Sohn ausgetragen war. Zeus rettete den ungeborenen Dionysos.

Sokrates: Griechischer Philosoph (ca. 470–399 v. Chr.), dessen Lehre durch die Darstellungen seiner Schüler – vor allem Platon und Xenophon – überliefert wurde. Ihre Werke begegnen vor allem in der Form philosophischer Dialoge.

Thanatos: finsterer griechischer Todesgott

Vaporetto: kleines Dampfschiff

Velleität: kraftloses, zögerndes Wollen; Unentschiedenheit

Vestibül: Vor- oder Treppenhalle in großen Gebäuden

Literaturhinweise

Verwendete Ausgabe:

THOMAS MANN: *Der Tod in Venedig.*
Frankfurt am Main: Fischer 1992.

Weitere empfehlenswerte Literatur:

BAHR, ERHARD: *Thomas Mann. Der Tod in Venedig. Erläuterungen und Dokumente.* Stuttgart: Philipp Reclam jun. 1991.
Gründliche und umfassende Sammlung von Quellen zur Entstehung, Wirkung und Interpretation der Novelle, die zahlreiche Äußerungen des Autors selbst enthält. Die Wiedergabe der von T. J. Reed bearbeiteten Arbeitsnotizen Thomas Manns sowie der sehr ausführliche Kommentar zu einzelnen Textpassagen und Fremdwörtern machen dieses Buch zu einer preiswerten und lohnenden Grundlage jeglicher schulischer Auseinandersetzung mit dem *Tod in Venedig.*

FINK, GERHARD: *Who's who in der antiken Mythologie.*
München: Deutscher Taschenbuch Verlag ^{8}1999.
Bezahlbare und informative Übersicht über die Gestalten der antiken Mythologie, die in brauchbarer und gut verständlicher Form jedem Nicht-Fachmann die wichtigsten Grundkenntnisse vermitteln kann.

JENS, WALTER: *Der Gott der Diebe und sein Dichter. Thomas Mann und die Welt der Antike.* In: ders.: *Statt einer Literaturgeschichte.*
Düsseldorf, Zürich: Artemis & Winkler 1998, S. 161–180.
Etwas speziellerer Aufsatz über Thomas Manns literarischen Umgang mit der Antike. Die Betrachtung des *Tod in Venedig*

nimmt einen zentralen Platz in dieser Abhandlung ein und vermag einige Verweisungszusammenhänge aufzudecken und zu erläutern. Vor allem für ausführlichere Auseinandersetzungen mit dem *Tod in Venedig* bildet dieser Aufsatz eine lohnende Grundlage.

KARTHAUS, ULRICH: *Thomas Mann.*
Stuttgart: Philipp Reclam jun. 1994.
Ulrich Karthaus beschäftigt sich in diesem les- und bezahlbaren Bändchen auf den Seiten 69–77 mit dem *Tod in Venedig.* Prägnant und übersichtlich geht er auf die wichtigsten Aspekte der Novelle ein und stellt sie deutend in einen Gesamtzusammenhang.

KURZKE, HERRMANN: *Thomas Mann. Das Leben als Kunstwerk.*
München: C. H. Beck 2000.
Umfangreiche, aber sehr gut verständliche und lesenswerte Biografie Thomas Manns, in der natürlich auch dessen Werke berücksichtigt werden.

VAGET, HANS RUDOLF: *Thomas Mann – Kommentar zu sämtlichen Erzählungen.* München: Winkler 1984.
Verständlicher und wissenschaftlich fundierter Kommentar zu allen Erzählungen von Thomas Mann, also auch zu *Tod in Venedig* (S. 170–200). Standardwerk !

WIESE, BENNO VON: *Thomas Mann. Der Tod in Venedig.* In: ders.: *Die deutsche Novelle von Goethe bis Kafka. Interpretationen.*
Düsseldorf: Bagel 1960. S. 304–324.
Immer noch lesenswerter und informativer Aufsatz, der einen ersten Zugang zum Verständnis des Textes auf wissenschaftlicher Basis ermöglichen kann.

Anmerkungen

1 Zit. n. Bahr, Erhard: *Thomas Mann. Der Tod in Venedig. Erläuterungen und Dokumente.* Stuttgart: Philipp Reclam jun. 1991, S. 124.
2 Vgl . Bahr 1991, S. 116–118.
3 Mann, Katia: *Meine ungeschriebenen Memoiren.* Frankfurt 1974, S. 70 ff.
4 Jens, Walter: *Der Gott der Diebe und seine Dichter. Thomas Mann und die Welt der Antike.* In: ders.: *Statt einer Literaturgeschichte.* Düsseldorf, Zürich: Artemis & Winkler 1998, S. 162.
5 Vgl. Bahr 1991, S. 46.
6 Zit. n. *Das große deutsche Gedichtbuch. Von 1500 bis zur Gegenwart.* Neu herausgegeben und aktualisiert von Karl Otto Conrady. München, Zürich: Artemis & Winkler [2]1992, S. 271.
7 Zit. n. *Das große deutsche Gedichtbuch.* [2]1992, S. 273.
8 Mann, Thomas: *On myself.* Vortrag am 2. und 3. 5. 1940 vor Studenten der Universität Princeton. Zit. n. Hermes, Eberhard: *Thomas Mann. Der Tod in Venedig (1912) – Anregungen zur Interpretation.* In: *Der Deutschunterricht* 4, 1977, S. 74.
9 Vgl. Vaget, Hans Rudolf: *Thomas Mann-Kommentar zu sämtlichen Erzählungen.* München: Winkler 1984, S. 189.
10 Zit. n. Bahr 1991, S. 146.
11 Zit. n. Bahr 1991, S. 145.
12 Zit. n. Bahr 1991, S. 147.
13 Zit. n. Bahr 1991, S. 147.
14 Zit. n. Bahr 1991, S. 168.
15 Vgl. Fink, Gerhard: *Who's who in der antiken Mythologie.* München: Deutscher Taschenbuchverlag [8]1999, S. 92.
16 Vgl. Fink 1999, S. 254.

Ihre Meinung ist uns wichtig!

Ihre Anregungen sind uns immer willkommen. Bitte informieren Sie uns mit diesem Schein über Ihre Verbesserungsvorschläge!

Titel-Nr.	Seite	Vorschlag

Bitte hier abtrennen

Die echten Hilfen zum Lernen ... **STARK**

Bitte hier abtrennen

Zutreffendes bitte ankreuzen! Die Absenderin/der Absender ist:

- ☐ Lehrer/in in den Klassenstufen: ____
- ☐ Fachbetreuer/in
  Fächer: ____
- ☐ Seminarlehrer/in
  Fächer: ____
- ☐ Regierungsfachberater/in
  Fächer: ____
- ☐ Oberstufenbetreuer/in
- ☐ Schulleiter/in
- ☐ Referendar/in, Termin 2. Staatsexamen: ____
- ☐ Leiter/in Lehrerbibliothek
- ☐ Leiter/in Schülerbibliothek
- ☐ Sekretariat
- ☐ Eltern
- ☐ Schüler/in, Klasse: ____
- ☐ Sonstiges: ____

STARK Verlag
Postfach 1852
85318 Freising

14-V1P

Bitte ausfüllen und im frankierten Umschlag an uns einsenden. Für Fensterkuverts geeignet.

Kennen Sie Ihre Kundennummer? Bitte hier eintragen.

Absender (Bitte in Druckbuchstaben!)

Name/Vorname

Straße/Nr.

PLZ/Ort

Telefon privat

Geburtsjahr

E-Mail

Schule/Schulstempel (Bitte immer angeben!)

Unterrichtsfächer: (Bei Lehrkräften!)

(Bitte blättern Sie um)